選挙を盛り上げろ!

岩上 安身
竹村 英明
バブリーナ
石野 雅之／西村直矢
斉藤 真里子
水口 和恵
林 大介
中村 健

影書房

選挙を盛り上げろ！

はじめに

無関心ではなく、入口がわからないだけ。

２０１４年2月9日、東京都知事選挙。前日の東京は20年ぶりの大雪に見舞われました。とはいえ、投票率46・14％、「過去三番目に低い投票率」という結果に、「それはない」と愕然としました。

決して生きやすいとは言えない時代なのに、なぜこんなにも投票率は低いのか。

「世界一の都市・東京」を掲げて当選した舛添要一氏の得票率は、19・77％。つまり、舛添新都知事への支持表明をしたのは都の全有権者の2割弱にすぎません。

都知事選に対する人々の反応を振り返ってみます。

「都知事選への関心度」をたずねた毎日新聞の事前調査（２０１４年1月25日）では、「大いに関心がある」と「ある程度関心がある」をあわせ「関心がある」と答えた人は92・9％（「都知事選への関心」：「大いに関心がある」48・1％、「ある程度関心がある」44・8％、「あまり関心がない」6・4％）もいました。日本経済新聞の調査（２０１４年2月3日）でも、都知事選に「大いに関心がある」「多少関心がある」の合計は89％。
また、毎日新聞の同調査では、「投票に当たって最も重視する基準」に、約半数の48・9％が「政策」（次いで「リーダーシップ」15・3％、「政治・行政経験」15・1％）と答えています。（朝日新聞・2014年2月4日の調査でも、「投票の際に重視するもの」に62％が「政策や公約」と回答。）

都知事選への関心は高く、さらに政策内容で投票先を判断したいと考える人は約半数。政治や暮らしの問題を考えたい人は、決して少なくないのです（表1）。

2012年12月16日投票の衆議院選と都知事選に関してではありますが、投票しなかった理由のトップは、「仕事が忙しく、時間がなかったから」でした（衆院選：34・1％、都知事選：33・6％、東京都選挙管理委員会、2013年8月）。

低投票率は、政治への無関心やあきらめ、というよりも、日々の多忙な生活の中で答えを簡単に見つけ出せない、短い選挙期間中には十分に考えきれなかった人々の姿が思い浮かびます。

長引く不況と厳しい財政、打開策の見えない少子高齢化、多発する自然災害、エネルギー・原発事故問題……むしろ気になる課題、考えなくてはならない問題は多く、一票にしぼり込むのがとても難しい、ということではないでしょうか。

問題が複合的で厳しい状況だからこそ、それを乗り越える方法を多くの有権者が真

表１　2014 東京都知事選挙に関する新聞による世論調査

掲載新聞／回答	１位	２位	3位
東京新聞（2014年１月25日）「新知事に力を入れてほしい政策」	「医療・福祉」26.4％	「教育・子育て」18.2％	「原発・エネルギー政策」14.3％ 「防災」14.3％
毎日新聞（2014年１月25日）「都知事選の最大の争点」	「少子高齢化や福祉」26.8％	「景気と雇用」23.0％	「原発・エネルギー問題」18.5％
読売新聞（2014年２月２日）「争点として重視する課題」（複数回答）	「医療や福祉政策」84％	「地震などの防災対策」81％	「景気や雇用対策」75％
日本経済新聞（2014年２月３日）「次の都知事に最も力を入れてほしい政策」	「医療・福祉」25％	「景気・雇用」22％	「エネルギー・環境」9％
朝日新聞（2014年2月4日）「具体的な政策のなかで最も重視するのは」	「景気や雇用」30％	「医療や福祉」25％	「原発やエネルギー」14％ 「教育や子育て」14％

グラフ１　年代別投票率

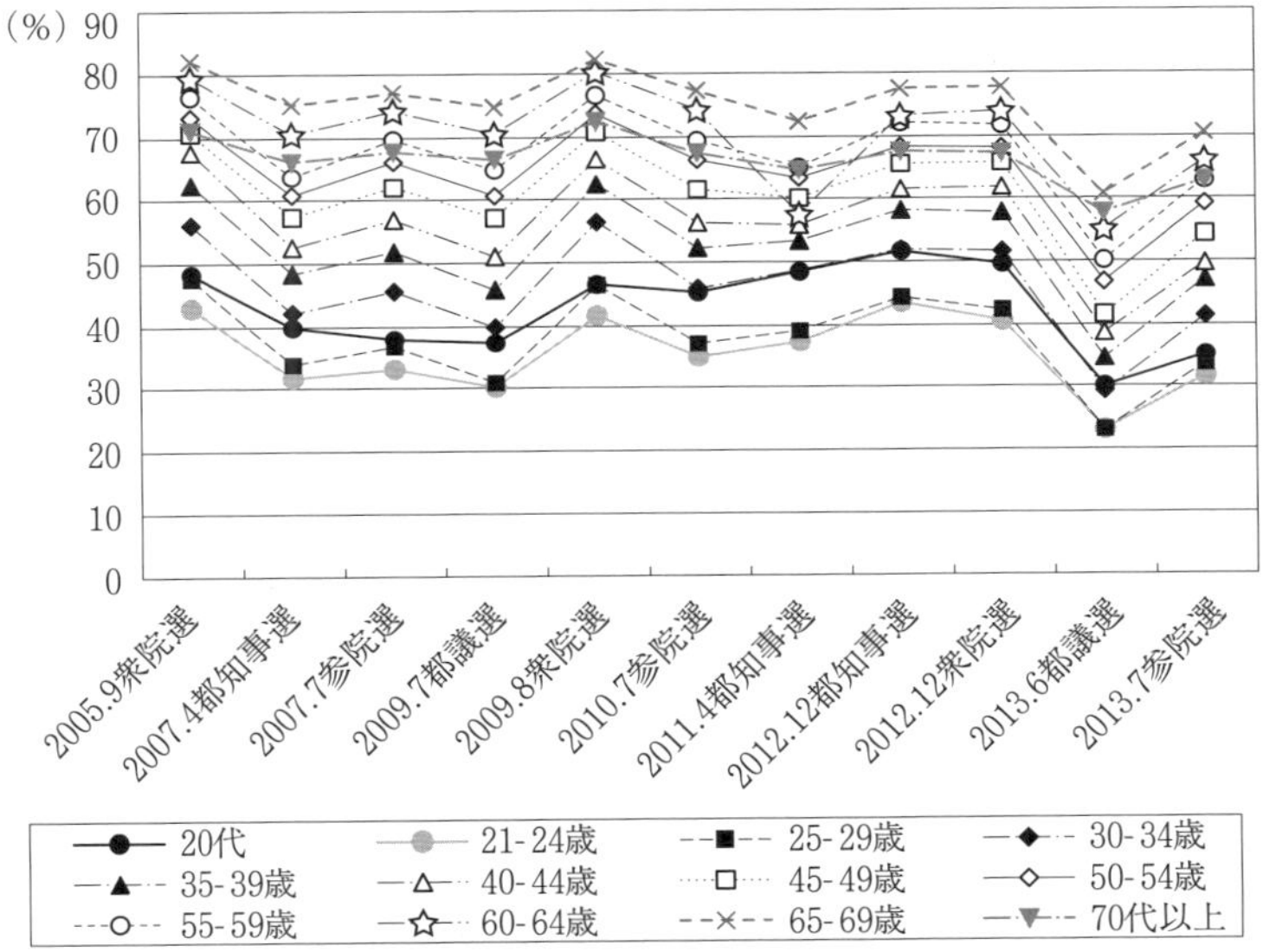

剣に探っているからこその、低投票率なのかもしれません。

　他方で、都民の投票行動を年代別に見てみますと、年齢層が低くなるほど投票率も下がりますが、20代の投票行動は、ほかの年齢層と相関関係にあります（グラフ1）。

「郵政解散選挙」の２００５年衆院選、自民党から民主党へ政権交代した２００９年衆院選など、選挙・政治に社会の関心が高まっていれば、ほかの年齢層と同様に若い人たちの投票率も高くなることがわかります。若者もその時々の社会に関心は持っているものの、社会経験や知識が少ないために投票までにはいたらないのではないでしょうか。

つまり投票率を上げるには、複雑で困難な状況に対して、普段から疑問や感じていることを気がねなく口に出し合える場があること、そして巷でのそうした議論の盛り上がり度がカギ、ということなのでしょう。

投票に際して、自分たちの暮らし、社会のありように関心があり、お上まかせでなく、自分たちで考えたい人は多い、しかし、一人では十分に考えきれない。だからこそ、オープンな場で考えを深めあう機会が必要なのに、実際にはそうした場と人々の多くはまだつながっていない、ということでしょうか。

2月の都知事選は、「脱原発」候補の「一本化」問題や、「原発・エネルギー問題」が都知事選の争点として相応しいかどうかなどがまずマスコミで話題となり、選挙戦は公示日前から迷走し、都政についての具体的な議論はほとんど深まらないままに終わりました。

得票率が2割の都知事のもとで都政はどこに向かうのか、民意は反映されるのか、と不安が残ります。

そこで私たちは次に選挙を迎えるときのための「準備」をしたいと考え、本書を企画しました。

ＩＷＪの岩上安身さんには、「脱原発候補の一本化」問題をのりこえ、市民メディアは何を議論すべきと考え、行動されたのか、をうかがいました。

東京都で「脱原発」を掲げるなら、どのような政策がありえるのか、緑茶会の竹村英明さんには、猪瀬前都知事時代にまでさかのぼりつつ、今回の都知事選候補者の「原発・エネルギー政策」を評価していただきました。

模擬選挙推進ネットワークの林大介さんには、子どもへの政治教育が忌避される傾向にある中で、未成年者を対象とした模擬選挙の実践とその意義についてご執筆いただきました。

選挙の際に、まちの政治と市民との接点となり得る候補者の公約や政党マニフェストの活用について、早稲田大学マニフェスト研究所の中村健さんにうかがいました。

要請、請願、署名集め、デモ、街宣、議会傍聴、学習会。市民が政治を考え、参加する方法は選挙以外にもあります。

自分たちでより良い社会をつくっていこうと、情報を集め拡散し、ともに考え、行動する場をつくりはじめている市民は増えています。

選挙時に候補者へのアンケートを実施して回答をインターネット上で公開し、独自の角度から候補者情報を提供していたグループ、２ＣＨＯＰＯ、差別反対東京アクション、保育所つくってネットワーク、小平市都市道路計画に市民の意思を反映させる会には、活動をはじめたきっかけや、それぞれの活動などについてうかがいました。

正直なところ、２ＣＨＯＰＯによる立候補者への公開アンケートの回答や、早大マニフェスト研究所の候補者マニフェストの評価がツイッターでまわってきたとき、いかに自分は原発問題だけにとらわれて思考停止になっていたか、と、はっとしました。選挙に際して、知っておくべきこと、議論しておくべきことがもっとあったのではないか、と。

選挙とは、好みの候補者を選ぶ、というよりも、自分の暮らしや社会のこれまでとこれからを考える機会。さまざまな環境のそれぞれの立場から、自分とは異なる思いを持つ人たちと、ともにどう生きていく場をつくるのか、を考える機会なのだと思うようになりました。

市民による試行錯誤の先に、民主主義はきたえられ、政治・選挙は盛り上がっていくのだと思います。そして何より、あれやこれやと方法を考え、行動する、それは、けっこう楽しいことでもあるようです。

２０１４年8月　　影書房　編集部

選挙を盛り上げろ！　もくじ

ＩＷＪは都知事選で何を伝えたか

――原発問題・特区・ＴＰＰ・アメリカ

ＩＷＪ代表◎岩上安身

【プロフィール】１９５９年生まれ。東京都出身。ジャーナリスト。著書『あうかじめ裏切られた革命』（第18回講談社ノンフィクション賞受賞）、『百人百話』（三一書房）他。
【ＩＷＪ（インディペンデント・ウェブ・ジャーナル）】市民によって直接支えられているインターネット報道メディア。２０１０年12月設立。

――投票率が低い選挙が続いています。「３・11」の地震と津波、原発事故を受けて、自分で考え、行動しなくては、という人たちが増えたと同時に、いざ選挙となると、一票を投じる難しさを感じた人が多かったのではないかと思います。

多くの人が判断しきれず、選挙戦も盛り上がらないまま、空虚な結果を導き続けているかのようです。２月（２０１４年）の都知事選はそうしたジレンマが前面に押し出された選挙だったと思います。

選挙戦は空虚なほうが都合がいい人たちもいるのだと思います。実際の政治の理念、政治の戦略や政略は一部の人間がわかっていればいい。それを多くの人が知ってしまい、議論が大きく盛り上がるようなことはなるべく生じてほしくない。そう考える人たちもいるんですね。一つ一つの事象で右往左往する大衆に、そのときどきに対症療法的に手当てし、どうどうとなだめて、大衆が息切れするのを待てば、根本は変えないですみます。

それは統治の技術です。その統治の技術にまんまとはまってしまっているという状況でしょう。

都知事選候補者「一本化問題」

まず、都知事選のときには、「脱原発候補の一本化」という話が出ました。私は、その件でいち早く宇都宮けんじ候補と細川護熙候補の両陣営に直接確認をとったところ、両者とも「一本化の意思はない」ということでした。

「一本化」を求めているグループのリーダーである河合弘之弁護士に連絡をとると、彼らも告示前に細川候補本人と直接、面会して腹の中を確かめられたわけではないことを認めた。その現状を報じると、私は逆にバッシングを受けることになりました。

「一本化」の動きに水を差している、と受けとられたんですね。しかし、両方の当事者に一本化への意思がないにもかかわらず、お見合いは成立するわけがない。当事者の意思が最優先です。どちらも譲る気がないなら、一本化は現実的ではない。

ところが告示後も河合弁護士らは「そうするしかないんだ」と「一本化」を主張し続けた。それはどう考えても現実味がないと思いましたね。

告示後も「一本化」が唱えられ続けましたが、それは事実上、宇都宮さんにおりろ、という要求でした。それは告示後にはできない。法律家ですからわかっているのに、河合弁護士は、「おりるということを表明する言論の自由はある」などと言い出す。これは、宇都宮さんの立候補する権利を侵害し、有権者の選択肢を狭めようとする行為だったと思います。

「原発問題だけ」に疑問

原発問題だけを争点にするという、「シングルイシュー」の考えを都知事選に適用することも、私は疑問に感じました。

たとえば、官邸前での金曜デモのような場において、「この場ではアピールは原発のことだけにして」という「その場限り」のお約束として「シングルイシュー」の縛りをかけるのは有効だと思いますし、正当化されうると思います。

しかし、都民の暮らしのすべてにかかわり、多様な政治課題がある都知事選挙においては、「シングルイシュー」を誰かが一方的に決めつけるわけにはいかないでしょう。原発の問題が何よりも重要だと考える人がいても、もちろん構わない。しかし、失業をして仕事を探している人、介護をしている人、子育てをしている人、人それぞれに事情があり、問題の優先順位は違います。

また、そもそも東京都知事選は国政選挙とは異なります。実際には、原発を推進維持か廃絶か、というテーマは国政課題であり、東京は原発立地地ではありませんし、都知事には直接の権限はありません。原発立地地であれば、新潟県の泉田知事のように再稼働に歯止めをかけるべく知事の権限で粘り抜くこともできる。しかし、都知事にはそうした権限はありません。

それなのに、東京都で「原発問題だけ」を訴え、ほかの政策課題は二の次で考えなくてもいいと訴えるのは、何を言っても自由ではありますけど、やはり誤誘導ではないでしょうか。

都知事選で考えるべきだった重要テーマ「国家戦略特区」

——メディアは、どういった情報提供をすべきだったと思われますか。

私とＩＷＪが都知事選のときにやったことは、原発はもちろんですが、それ以外にも、考えなくてはならない政治課題や社会問題がいくつもあると示すことでした。示した上で有権者の皆さんに自分で考えてもらうことでした。

中でも重要なのは、「国家戦略特区」の問題であろうと思いました。これは都知事の権限にからみ、都民に直接影響が出てくる、重要なテーマです。

ひたすら規制緩和を進める新自由主義を良しとするかどうかは、かつての資本主義か社会主義かという対立と同じくらい重要な対立軸のはずです。原発に賛成か反対か、という対立軸に匹敵する対立軸だと思います。

しかしこの都知事選では、その対立軸は曖昧にぼやかされました。そういう空気作りがせっせと行われましたね。新自由主義の是非という対立軸は、非常に見えにくくされてしまいました。


細川候補は、告示前日1月22日の出馬会見で「岩盤規制といわれる、各種既得権に阻まれてきた医療、介護、子育て、教育などの規制改革を強力に進めていきたい」とはっきり発言しました。同じ日、安倍総理もスイスで開かれた「ダボス会議」での演説で、細川氏と同じく「岩盤規制」を打ち破ると世界に向けて宣言しています。両者とも、まったく同じ言葉で規制緩和を訴えたのです。

「国家戦略特区法案」は、秘密保護法が成立した昨（２０１３）年12月７日未明に成立しました。「特区」は、よく見ればＴＰＰの先取りだとわかります。医療、教育といった公共サービスを市場に開放し、労働者の権利を狭め、大企業、とくにアメリカの多国籍企業の経済活動を優先させるために、邪魔になる規制を取り払おうとするものです。

つまり、細川候補は「脱原発」で票を集めつつ、一方では新自由主義的政策を進めるつもりなのだと、私はその1月22日の出馬会見に出席し、自分の耳で話を聞いて理解しました。

そもそも国家戦略特区のどこに問題があるのか、都知事選とどのように関連するのか、識者に寄稿してもらう一方で、ＩＷＪでも都や候補者に直接取材をし、記事を配信しました。

今回の特区構想の前身である民主党・菅政権時の「総合特区」制度のこと、そしてこの時に東京都が指定を受けた「アジアヘッドクォーター特区」（２０１１年12月）のことにまでさかのぼり、特区に対する東京都の意向や、都知事選主要候補者４氏の政策・発言から国家戦略特区に対する考えを検証しました。

ＩＷＪが、都知事選における国家戦略特区の問題の重要性を記事にして発信したことは、議論の種を提供し、結果的に候補者や選対陣営、支持者の考えにも一定の影響を与えたかもしれません。

細川候補は、特区について、２月２日のフジテレビ「新報道２００１」での公開討論では、「もう少し、中身をつめて考えたほうがいいんじゃないか」と語り、２月６日には「国家戦略特区については、雇用を守る方向での活用を考えています。昨年成立した、解雇規制の緩和、いわゆる『解放特区』については、慎重に検討するべきです」と政策に追記しました。細川氏の特区に対する考えは、出馬会見時の意気込みから「慎重に」という態度へ明らかに変化しました。

しかし、こうした論点の提供は、細川・小泉コンビを応援する脱原発支持者の一部には不愉快だったようです。ご批判もいただきました。中には、「ＩＷＪの会員だったが、細川さんを応援しないんだったらもうＩＷＪを応援しない」とあからさまに言ってくる人もいました。

たしかに、我々には、空気を読んで大きな声を上げず、無難にやり過ごすという選択もあったかもしれません。損得だけを考えれば、経営上、そちらがプラスだったかもしれません。でも、それはおかしなことでしょう。そんなソロバンをはじいたら、メディアとして失格です。

規制緩和するほうがよいのか否か、公共サービスを次々民営化していくことを是とするのか否か、特区を作って、混合診療を解禁にし、そこを突破口にして日本の国民皆保険制度が崩壊するのを受け入れるかどうか、やはり徹底的に議論すべきなんです。

細川陣営がテレビ討論をキャンセルし続けたために、大本命の舛添要一候補も「細川候補が出ないなら」とキャンセルし、主要候補がそろって政策や公約について討論するテレビ番組は次々とお流れになりました。これはいただけなかったと思います。

国家戦略特区の問題だけではない。高額奨学金や教育ローンの問題、雇用の問題、住居難民の問題、お台場カジノ建設計画の問題、築地市場移転の問題、我々が取り上げた問題はみんな、都知事選だからこそ、都民が考えるべき都政の課題です。

結局、2月の東京都知事選は、「原発だけ」を問題と考えてしまうと、都民の暮らしに関わるほかの重要な政策課題が忘れさられる、そういう危険性がありました。

「国民の声」を可視化する

――たしかに、暮らしのあり方を問う選挙で、ひとつの問題だけを争点にするのはおかしなことでした。

一方で、都知事選は3・11からほぼ丸3年が経とうとする時期で、福島での原発事故に対して、電気の最大消費地である東京都として「脱原発」という態度を示したい、また、「脱原発」をのぞむ人々の声の大きさを選挙で示し、政治的に「脱原発」方針を後押ししたいという期待も大きかったのですが。「脱原発」をのぞむ市民運動の盛り上がりが選挙結果に反映されないのはなぜなのか、とてももどかしく感じます。


「3・11」以後、街頭に出て声を上げる人が増えたのは事実です。

市民運動といっても多くは脱原発ですが、早くも翌3月12日には、経産省前で浜岡原発をすぐ止めろと、すばやく声を上げた人たちがいました。IWJは、そうした声を上げる若者たちの姿や、東京電力と経産省、当時の原子力安全保安院（現・原子力規制委員会）と原子力資料情報室の会見を、連日24時間張り込み、中継しました。ツイッターを通じて「誰でもいいから手伝って」と助っ人をお願いし、たくさんの人に助けられて、連日連続中継をしました。

さまざまな「原発反対」のデモの中継も行い、２回目の高円寺での「素人の乱」の脱原発デモに山本太郎さんがひっそりと初参加していたのを、中継記者が見つけてインタビューしたりもしています。「３・11」後の脱原発運動の盛り上がりの歴史は、私たちはほぼ記録しています。

とくに、声を上げた市民の動きを可視化するために、全国各地で「中継市民」を募り、ご協力いただいたのは意味があったと思っています。当時、すでに全国で声を上げている市民の動きがあるのに、マスメディアではまったく報じられていませんでした。つまり、声を上げる人は存在するけれども、それはその場にいる人にしか知られていなかった。ネットでＳＮＳを通じて連絡を取り合わない限りは、存在しないことにされていたのです。

日本人は怒らない、声を上げない、行動しないというのは、「神話」にすぎません。ただその事実が伝えられていないため、そうした「神話」を信じ込んでしまっているのだと思います。そこで私たちは、「国民の声を可視化する」というサブタイトルをつけ、こうしたアクションを徹底的に取り上げ続けました。

「3・11」の3ヵ月後の6月11日には、日本全国で行われた脱原発アクションを同時中継しました。全国でこの日に行われた「原発反対」のイベントは100カ所以上、IWJは70カ所にトライし、55カ所から同時中継しました。イベントの情報の収集も、中継市民の募集もツイッターで行いました。

2011年6月11日、東京では、都内各地でのデモ隊が最終的に新宿・アルタ前に集結することになっていて、大変な数の人が集まりました。主催者発表では参加者2万人でしたが、読売新聞とNHKは警察発表をもとに2400人と報道していました。

実際にはどれほどの人波だったのか。テレビではほとんど報じられませんでしたが、IWJを含め、ネットでは多数の動画が流れました。それを見れば、大群集だったことが誰にでも理解できると思います。

マスメディアが、自由に情報を操作し、世論を操れる時代は終わったのです。デモの告知をSNSで流し、当日はユーストリームやツイキャスでネット中継をし、そこで起きていることを世の中に知らせていく。当時IWJがはじめたことは、今では当たり前になりました。

また、さまざまな現場でさまざまに声を上げている人、それをどこからでも、マルチに発信と受信が可能であること、メディアは中央の一極から発信するものではなくなったことも、ネットメディアによってはっきりとした形で示されることになりました。確実に、声を上げる多くの市民がいるということが、広く知られるようになったと思います。

では、その盛り上がりが、なぜ政治に、選挙の結果に、ストレートに結びつかないのか。

一過性の盛り上がりではなく

そこは必ずしも直結してはおらず、距離があります。デモなどの街頭行動は、一瞬のお祭り騒ぎです。それでも、参加当事者とすれば、街頭に足を運んだだけでも大変な決意で、デモに参加して「再稼動反対」「原発反対」と言うだけでも震えるほどに怖かったと言う人もたくさんいます。ですから、そのように体を動かすことも、その人にとっては大変に意味のあったことでしょう。

けれども、市民運動は本来、街頭行動だけを指すわけではなく、多様なテーマに対して多様な取り組みの仕方があり、現実の政治に影響を与えるには、一過性の爆発的燃焼ではなく、やはり地道な積み重ねがなければできないことだろうと思います。

他方、原発で利益を得ている人たちは、こうした運動の高揚に対して懸念を抱き、脅威に思い、着々と対策を練ったと思われます。電事連、電力会社、その背後に隠れているけれども、実は原発推進の主体であるメーカー、日立、三菱、東芝。そうした原子力推進が本音の資本サイドが懸命に工作するのは当然のことです。彼らは彼らなりに必死なのです。

それに対して、労働組合やマスメディアは腰砕けでした。電力総連を抱えている連合は、原発推進という本音を貫徹するために、とりわけ民主党の足を止めました。民主党には連合に応援してもらわないと落選する議員が大勢います。一部の原発反対派の議員は、民主党を割って出て原発反対の声を貫きましたが、連合に干されて次々落選し、あとには連合のいうことを聞く議員だけが残りました。この動きに楔を打てなかったのは大きいのではないかと思います。

また、主要マスメディアは、ひたすらスポンサーのほうに顔をむけていました。独立メディアと商業メディアの差は、一時期きわだっていたと思います。

徹底的に非政治化されてきた日本人

人々がいて、政治がある。そのあいだにはいろいろな距離があり、その距離のあいだには社会を構成する中間団体、たとえば組合やメディア、ＮＧＯ、ＮＰＯなどがあります。これらには日常的に粘り強い取り組みを行える人がいて、それを支える市民がいて、活動資金もあり、日常活動も着実に行われ、いざというときにカウンターの行動が取れる体制になっていない限り、現実の政治を動かすまでにはなかなか至りません。それは理想です。

政治を動かすためには、やはり政党が重要でしょうが、政党未満の政治団体も含めて、組織を形成し、社会にかかわり、政治を現実的につくりあげる必要がある。しかし現実には、その前に多くの人が手を引いてしまう、というか、多くの人はそこまでは到達しない。

これは長い間、教育やメディアといった、社会の仕組みのありとあらゆるものを総動員して、日本人を徹底的に非政治化してきたツケだと思います。政治は一般の人にとって、触れてはならないものになってしまいました。民主政治、国民が主役の民主主義といいながら、おかしな話ですが、政治を「軽蔑」し、「忌避」する方向へ日本人は誘導され続けてきたのです。

権力機構に対峙するには

実際に私たち国民に対して統治的な機能を果たしているのは、行政機構です。素人の国民の代表である議員が、玄人の役人が陣取る行政権力機構に対して監視とブレーキをかけるわけです。

ところがメディアは、政治家があたかも実態として権力をもっているかのように描き出します。そのため一般の人たちも、政治家のクビさえとれば政治がよくなるかのようにイメージしがちです。

実際には、大衆の目には見えない行政の権力機構、さらにそれに影響を与える財界、財界にぶら下がっている労働組合のトップの労働貴族、既存の主要メディアなどが力を握っており、一朝一夕には変わりません。

政党や政治団体、さまざまな市民運動団体、NPO、NGO、独立系メディアといった中間団体を、市民自身が組織できるのか、継続的に運営できるのかといったことが大きなカギを握るのですが、日本ではなかなかそうした議論ができてきません。

なぜ「2030年代原発ゼロ」閣議決定は見送られたか

――街頭に出て声を上げることと、その思いを一票に託すことのあいだには大変な距離があるので、なかなか投票に結びつかないのは当たり前。政治にかんする日ごろの積み重ねが大事なのですね。

今回の原発事故でも、その昔の公害問題でも、あるいは戦争と敗戦の経験でも何でもいいのですが、事が起きて、これはひどいと怒って、立ち上がって声を上げて、でもそれが壁に突き当たって跳ね返されたときに、この壁は何なのか、壁を成り立たせている力とは何なのかを、広い視野でとらえないかぎりは次に進めないと思います。

私たちは、はっきり経験したはずです。

「原発再稼動反対」と大きな声を上げ、国民的な運動になりかけたとき、野田内閣は「２０３０年代原発ゼロ」の閣議決定をしようとしました。つまり、政治が動きかけたのでしたが、結局２０１２年９月、「２０３０年代原発ゼロ」の閣議決定は見送られました。それはなぜだったのか。

それは、日本の財界からの圧力に加え、日本は原発を使い続けることが国際的な責任を果たすことだと、アメリカからの要求があったからです。

なぜアメリカは日本に対してそこまでの強制力があるのか、それは日本がアメリカの軍事的従属下にあるからです。

政治を考えるということは、政治の土台を考えることです。花だけを見ていないで、花を咲かせている枝と幹、その根っ子との関連性と全体を見ない限りは、花のこともわかりません。

しかし、多くの人は、いつまでも枝葉の先の花だけを論じ、それに行き詰まると、隣の花にスライドしているにすぎない。つまり、木の構造を論じることを、なぜか避けてしまう、そういう認知のバイアスがあるんです。

認知のバイアスがかかるのは、花から枝、幹、根っ子まで視線を動かしながら現実を見ることに抵抗があるからです。「怖い」とか「そんなことをしていると他人から煙たがられる」とか「そんなことを書いても本が売れない」とかです。

しかし、木を論じようとしないかぎり、現状が変わらないのは当たり前のことです。「2030年原発ゼロ」の閣議決定をしないようにアメリカから圧力があった。つまり、私たちが文句を言わなくてはいけないのは、永田町ではなくてワシントンです。アメリカは、我々日本人の生活に対し、目に見えにくい、しかし圧倒的な影響力を及ぼしているのです。私たちはこうしたパワー・ポリティックスの中に組み込まれているのです。原発問題を理解するにしても、アメリカの世界戦略を理解する必要があります。

しかし、木を認識しようとしない人には、世界は互いに関係のないばらばらの出来事の集まりとしか見えないのでしょう。したがって、表面的な出来事に振り回され続けることになります。

原発は電力の問題ではなく、軍事問題

野田内閣が大飯原発の再稼動を決定し（2012年6月）、「再稼動反対」の声が最高潮に達する中、国会の会期末ギリギリの6月20日、原子力規制委員会の設置法と改正JAXA法（宇宙航空研究開発機構法）が可決されました。これは大変に重要な出来事でした。

「設置法」の「附則」には、〝原子力の憲法〟といわれる「原子力基本法」の中に「安全保障に資する」という文言をすべりこませる仕掛けを仕込みました。「設置法」とは別の法律で、かつ上位法である「原子力基本法」の根幹をありえない方法で改定し、改正ＪＡＸＡ法（宇宙航空研究開発機構法）では、「平和目的」規定を削除しました。

安全保障と言えば聞こえはいいが、軍事のことです。つまり、原発は、軍事利用を視野に入れるということであり、日本のロケット開発はミサイル転用もありうると、根本的に法律を変えたのです。

原発は電力の問題ではなく、軍事の問題であるということが、あのときはっきりと明示されたのです。ここを理解しなければならなかった。

電力は不足していない。原発は電気のためではない。では何のためかと言えば、つまりは、軍事のため、将来の核武装のため、集団的自衛権の行使容認のため。尖閣の問題は日本が再武装して中国と戦争ができる国になろうとしており、そうした状況を米国がまた政治的に利用しようとしている、といったことに考えを進めて、問題の全体像に気づくべきだったのです。

大飯原発の再稼動が強行され（２０１２年７月）、野田内閣の「２０３０年原発ゼロ」閣議決定が見送られたとき、これは、この国のかたちとか、私たちの立っている場所に気づくチャンスでした。しかし、多くの人々がそこから目をそらしました。

3号機爆発前にＴＰＰの旗をふる読売新聞

この間、着実に進んできたことはＴＰＰです。原発を考えるとき、ＴＰＰは切り離せないと、私は言い続けてきました。

読売新聞は、「３・11」の２日後、まだ福島第一原発3号機が爆発する前の２０１1年3月13日に、「復興にはＴＰＰを」という論説を展開しています。「負担の先送りや業界のエゴを優先しているようでは、未曾有の国難は克服できない。国民全員が厳しい現実を直視し負担を分かち合う覚悟が必要だ」と言い、その実、大惨事につけこんで規制改革を推し進め、大企業とアメリカの多国籍企業に日本を売り渡せ、と主張していたわけです。

アメリカのアーミテージのようなジャパン・ハンドラーは、原発を続けろ、日本は集団的自衛権の行使を容認しろ、アメリカと一緒になって世界で戦争をしろ、アメリカの世界戦略の片棒をかつげ、そして、ＴＰＰに入れ、要するに日本はアメリカの経済的な植民地になれ、と言っています。ただし、それでは日本も「うん」とは言わないので、安保と引き換えだと言うわけです。オバマ大統領が今年4月に来日した際、日米安保は尖閣にも適用される、と恩着せがましくわざわざ発言したのはそういうことです。

本来なら日本は、原発事故で「もう原子力には頼れない」と考えたなら、代替エネルギーとして、すぐ近くにあるロシアの天然ガスを考えるのが自然な流れです。ロシアからのパイプラインを使えば割安なガスを入手でき、そうすれば、中東の石油や割高な液化天然ガスに依存しなくてもすみます。アメリカのシェールガスを買う必要もありません。しかし、それではアメリカは日本にシェールガスを売れなくなります。ロシアと日本が不仲のほうが、アメリカには好都合なのです。

今、アメリカは、ウクライナの内部にしきりに干渉しており、悪いのはロシアだとして、経済制裁を強行しています。その一方で、ロシアからパイプラインで天然ガスを購入しているウクライナやヨーロッパ諸国には、「アメリカのシェールガスを提供する」と言っています。何のことはない、欧露間を分断して、自国のガスの押し売りです。

私たちは冷戦後の20数年、どういう世界に住んできたのか、アメリカが世界秩序にどう関与したかを理解せずには、日本国内で起きていることも理解できません。

私は、私たちの生きている世界の見取り図を示しているだけです。多くの人はそれを認識することを回避します。花だけを点々と見て、ずっと夢の中にいたいのでしょう。

次のドアを開けよう

――「脱原発」を求めるなら、原発を保持したい勢力の大きな政治ビジョンを知らないことには、「脱原発」の戦略もリアルには立てられない、ということですね。

断片的な情報をつなげる努力をしない限りは、大きな政治的戦略を見抜けない、それは考えてみれば当たり前ですが、実際には難しいです。

政治について考えるその入り口は、「より良い社会を実現したい」といった簡単なことでいいと思います。たとえば、なんで私たちは非正規で働かなければならないのかとか、賃金が安すぎないかとか、税金高いよね、といったことがぽつぽつとある。そこから、そういったことがどういう考え方で政策として組み立てられているのかを考えるということです。

考えていけば、非正規雇用の問題から、規制緩和の問題へ、国家戦略特区の問題へ、新自由主義とグローバリズムの問題へ、さらには日米関係へと、つながって見えてくるでしょう。

公論の場を作りさえすればいい、という人がいます。場を設定するだけで、あとは何もしない。何も手を加えない。規制がない、自由だ。すると自然に言論は成長し、適切な解へと導かれるはずだ。誰かがよけいな手を加えさえしなければ、と。これは言論の自由市場原理主義ですね。アダム・スミスのいう「神の見えざる手」に言論もまた導かれてゆくかのごとくです。

しかし、実際には、場は、わざわざ「設定」しなくても、そこらじゅうにあります。それが小さすぎて、遠くまで伝わらないということはあるでしょうけれども。

大事なことは、空間や劇場をつくることではなくて、その劇場でかける2時間の演目の脚本家、演出家、スポンサー、役者をオーガナイズすること、情報をチョイスし編集して、どのようなドラマを観せるのか、何を伝えるかということに、やはり尽きると思います。お芝居にたとえて言いましたが、情報の中身が大事である、ということです。

やはり、事実を積み重ねて、真実を伝えることが、ジャーナリズムの仕事だと思います。

「脱原発」も、一部分だけみれば、イデオロギー化した部分があるかもしれません。そこは絶えず疑ってかからなくてはいけない。本当に代替エネルギーは再生可能エネルギーで万全なのかどうか、など。

イデオロギーは人にものを考えないようにさせてしまいます。ジャーナリズムは科学と同じく、地道な実証が命です。事実によってイデオロギーを批判し、時には覆していかなくてはなりません。

日々、新しい情報が出てくるのですから、自分の考えを再編集し、更新してゆくのは当然です。もう勉強したからこの世界観でいいやと、どっかり腰を落ち着けてしまって、知的に横着になってしまっている人がいたら、そういう人はご自身を少し省みる必要があるかもしれません。世界は日々、新たなり、なのです。

社会や政治について考える入り口が原発問題だったとして、でも開かれるべき次のドアが目の前にある場合には、そのドアノブに手をかけてみる必要があります。

そうすれば、そこにはＴＰＰの問題があるだろうし、その次は天然ガスやウクライナの問題、その次のドアを開けると、尖閣、集団的自衛権、と、つながって見えてくることでしょう。

そうやってドアを開けていってはじめて、この国の海岸線に54基も原発が鎮座していることの怖さが改めてわかってくるし、なぜそこにあるのかも、もう少し深い理由が見えてきます。

簡単に引っこ抜ける、と思っていたものの根っ子の深さに気がつくでしょう。それからです。引っこ抜けるかどうかは、それからなのだと思います。

（２０１４年５月４日、六本木・ＩＷＪ事務所にて）

猪瀬前都知事〜都知事選候補者の「脱原発／エネルギー」政策を検証する

緑茶会代表◎竹村英明

【プロフィール】1951年生まれ。広島県出身。脱原発運動歴30年。自然エネルギー普及取組15年。議員秘書、GPJスタッフなどを経て、現在エナジーグリーン株式会社副社長。
【緑茶会（脱原発政治連盟）】日本初の市民のための政治団体。脱原発を志す候補者を当選させることを目指す。

1、なぜ市民派選挙は分裂するのか

脱原発勢力にとって、2014年都知事選挙はいろいろな経験を積ませてくれた貴重なものとなった。

この章を書くにあたって与えられたテーマは、2014年の東京都知事選における各候補者の脱原発政策はどうであったかだが、人々の関心が一番高いのは「脱原発候補はなぜ乱立したのか」という問題だろう。最初にそのことに触れておきたい。

結論から言えば、「候補者統一」は、はじめから無理だった。確かに第三者から見れば、「同じ脱原発なのだから」ということになるかもしれないが、当の候補者を含め、その選挙を支え担っている人たちの考え方や思いには微妙な、いや実際にはかなり大きな違いがあった。それを乗り越えて一本化するということは、1年あっても難しく、1カ月やそこらの時間ではとても不可能なことである。

不可能なのに可能なことのように思い込んでしまったところに、いろいろな誤解や対立の火種を生んだ原因がある。さらに言えば「金縛り現象」まで生みだしてしまった。いつもならもっと選挙活動に邁進する人々も身動きとれず、結果的に票を減らしてしまうという現象である。はじめから、お互い頑張りましょう！　と爽やかにはじめていれば、もしかすると選挙結果ももっと違っていたかもしれない。

さて本題に入って「なぜ市民選挙は分裂するのか」だ。それなりに歳を重ねてしまった身としては、候補者が乱立して分裂しなかった市民選挙を探すほうが難しい。むしろ「市民選挙は常に乱立」と定義づけたほうが良いかもしれない。

その原因の一つは、市民選挙は多くの場合、組織をバックに持たない「個人選挙」ということだ。政党はもちろん、労働組合や業界団体が組織を上げて応援する選挙ではない。それは強烈な支援もないが、強烈な指示や指令も来ないということだ。

候補者本人がよほどの判断をしない限り、おりることも候補者統一協議に入ることも難しい。

ところが選挙に出ることは一大イベントだから、候補者は多くの人々の協力や支援を受けて「候補者」にたどりつく。それまでの人々の努力や犠牲を無にすることができるのか、恩義や感謝の気持ちが強ければ強いほど、とても自分一人で「辞める」という決断はできないものである。

もう一つの原因は、市民選挙は、おうおうにして政策先行ということだ。たとえばダム建設計画の中止や廃棄物処分場反対など、いわゆるシングルイッシューの政策実現をめざすものが多い。

こういうものは、まず「主張をする」ところに重きがあり、勝つことは二の次になる。一般的には多数派形成も難しいと同時に、途中でおりることは、かえってその後の運動継続に悪影響を及ぼしてしまう。

今回の都知事選挙では、細川護熙氏が脱原発シングルイッシューをかかげて立候補した。一方で、もう一人の脱原発候補とされた宇都宮けんじ氏は、脱原発はワンオブゼムであり、反貧困や反ＴＰＰなど、かなり広範囲をカバーする政策を打ち出していた。

脱原発というテーマが、東京都知事選挙という地方の首長選挙にとってふさわしいのかという点はあとで書くが、少なくともそのテーマ自体は多数派形成にふさわしくないテーマではなかった。当時の世論調査でも、「即時」なのか「時間をかけて」かの違いはあっても脱原発を支持する世論は80％近くに達していたからだ。

ただ人々のワンオブゼムの関心の中で、脱原発について80％が支持するということであって、80％の有権者が脱原発候補を選ぶということではない。有権者の投票行動には、さまざまな関心への比重が重なりあっていて、いかに脱原発が重要なテーマであろうと、投票結果には大して影響しないのだというのが、むしろ今回の都知事選挙の教訓だ。

ちなみに保守系候補は最終的に分裂したり、対立候補どうしがいがみ合ったりすることはあまりない。どうしてだろうか。

まさに市民選挙の裏返しであって、おうおうにして政党や大きな派閥を選挙母体とする候補者は、その組織どうしの調整に従うほかない。また総花的にあっちにもこっちにも良い顔をして、全般的に金と利権を引っ張ってくるという政策でなければ、選挙マシーンも動かなくなる。

２０１４年都知事選挙では小泉純一郎氏が細川護熙候補を応援し、保守系候補者が脱原発選挙に取り組んだという評価もあるが、「組織」と「総花」という保守系選挙の定義からすれば、細川選挙はまったく保守系選挙ではなかった。むしろ「政策の主張」を目的とした市民選挙だったと言えるだろう。

2、そもそも「政策」だけで選挙は勝てるのか

有権者は本当に政策で候補者を選んでいるのだろうか。実に逆説的な見方になるが、棄権者数が増え続けていることから、「政策を考えている有権者」が多いということが推測できる。

２０１３年参議院選挙比例区での自民党の得票率は18％しかない。多くの有権者は何も考えずに棄権したのだろうか。考えれば考えるほど選択肢を失い、その結果として一握りの保守的な人たちによって国政の枠組みが決定されてしまうことになったのではないだろうか。都知事選も低投票率で、これは継続的な傾向だ。

２００９年の衆議院総選挙での民主党の大躍進は、有権者が「政策」を考えているからこそ引き起こされたと言える。有権者は政策転換を選択したのだ。しかし、民主党は明らかに国民が期待した政策を実行できなかった。それどころか、むしろあえて逆の政策に踏み込んだ。当時の支持率の高さが、その傲《おご》りを招いたのだろうが、そのために有権者はペラペラな政権公約だけでは投票選択ができなくなったのだ。

その２００９年総選挙（投票率69・28％、棄権者数３１９４万人）から２０１３年参議院選挙（投票率52・61％、棄権者数４９３５万人）までの間に、棄権者数は１７４０万人も増えた。その数は、２０１３年参議院選挙での自民党の総得票数１８４６万人とほとんど同じ

だ。1740万の人たちが「まとまって」投票をしていれば、選挙結果もドラスチックに変わっていただろう。政策で投票判断する力をもつ成熟した有権者を、「民主党の裏切り」が投票から遠ざけたと言える。

ペラペラな政権公約でない「確かな政策」となると、経験と実績が重要になる。しかし2012年総選挙では、そういう経験と実績を持っていた議員たちが続々と落選した。「民主党の裏切り」は不幸にして、経験と実績のある「まともな」議員たちへの信頼も失墜させてしまったのである。

「政策を考える」有権者は、過去の選挙結果を見る限りシングルイッシューでは選んでいない。政治はシングルイッシューに精通しているだけでは動かせないということを知っているのだ。

有権者ニーズも単一ではない。政権与党の政策とは真正面から対立することもあれば、もしかしたら支持することもある。候補者の経験とか知名度とか肩書きに引きずられたり、仕事や社会生活上のしがらみなど、いろいろなものに縛られてもいる。

逆に候補者のほうもわかりにくい。自民党と社会党のようにはっきりしていた時代に比べ、候補者の考え方も複雑に多様化している。候補者の本当の意思は、政党の政策とか、バックアップする組織の方針などで何重にもくるまれ、はたからは見えにくい。

2013年参議院選挙比例区得票数の割合

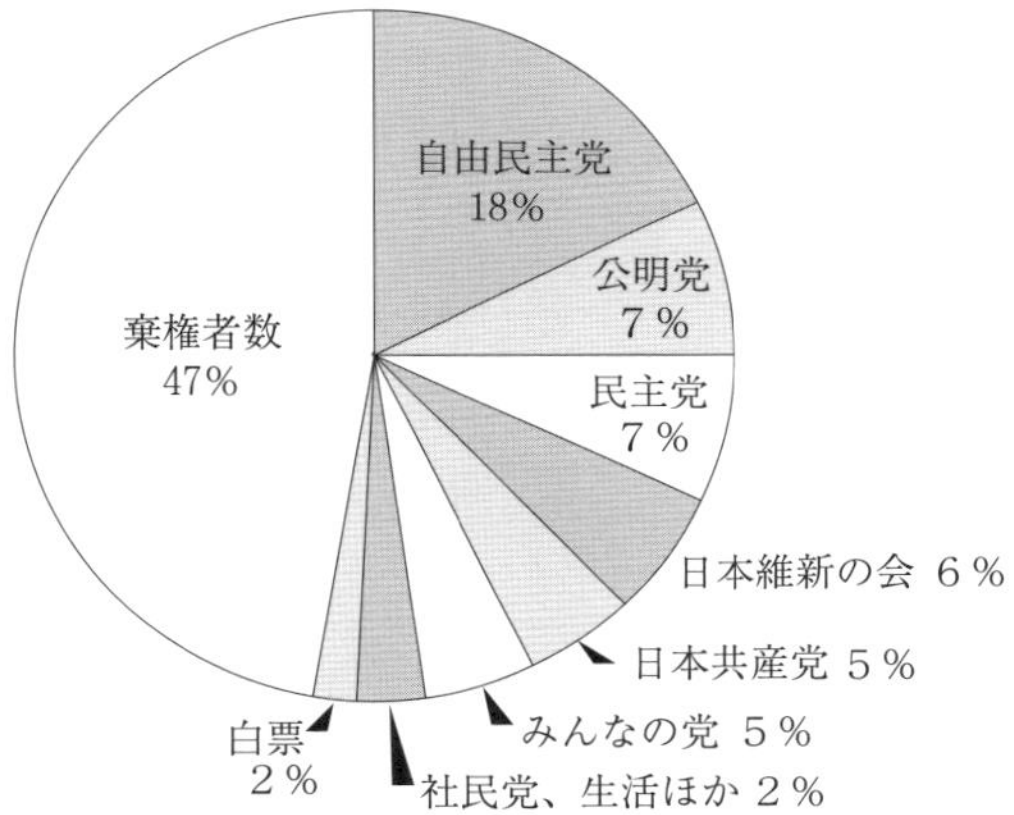

だから、ＴＰＰ推進候補に票を投じる農民や酪農家、金持ち優遇の候補に票を投じる貧乏人、原発推進候補に票を投じる脱原発（のはずの）市民という不思議な構図が、おそらく日本中にあふれているのだろう。「棄権するほうがまだましか」と思えるほどだが、これこそが実は「成熟した有権者」のありのままの状態だろう。

この状況を脱するには、さらに「成熟」することだ。各候補者の経歴や過去の質問や賛否などの情報、とくに考え方を○×式のアンケートではなく、実績にもとづいて把握できる情報センターが必要である。私自身が関係する「脱原発政治連盟（略称「緑茶会」）」や「エコ議員つうしんぼ」の運動など、そういう情報発信をめざす市民の動きも出てきている。

3、候補者にも政策にも魅力がないのか

自民党の支持率は実質20％を切っている。それなのに、これを単独で上回る得票をできる政党がない。これが実は安倍政権安泰マジックの種明しだ。かつて求心力を誇っていた小沢一郎氏も鳩山由起夫氏も菅直人氏も、もはや往時のような力はない。橋下徹氏の人気もかげってきたし、海江田万里氏には信念も自信も感じられない。

国会には、自民、公明の与党と、民主、みんな、維新、共産、結、生活、社民、新党改革の8つの野党政党が存在する。別にあべとも子氏や山本太郎氏などの無所属議員も存在する。こうして見ると野党側はあまりに小粒だ。その「小粒」のそれぞれが張り合って勢力争いをしており、たまに「維新」と「結」のように合流が検討されると「集団的自衛権賛成」が条件とされたりする。

おそらく政界にいる人間と、有権者のニーズが相当にかけ離れてしまっているのだろう。脱原発議員が原発推進政党にいたり、脱原発議員だが改憲派で集団的自衛権賛成のように……四分五裂の中でまた入り乱れている。どうも国会議員には信頼性も魅力も見られないのだ。

しかし、今度の都知事選は違った。いち早く都知事選への挑戦を表明した宇都宮け

んじ氏は、前回選挙でも立候補し猪瀬前知事に次ぐ次点となっていた。票数は約100万票で、今回もう100万票を上乗せできれば当選可能性もあると予測された。2013年中に挑戦の表明をしたのは宇都宮氏一人で、翌年の1月4日には早くも対策会議が開かれていた。短期決戦の選挙にしては素早い準備だった。

前回選挙を応援した人たちを中心に、多くの若者も参加して「今回は勝つぞ」という熱気があふれ、そのまま1月8日のキックオフ集会への流れができた。池袋で開かれたキックオフ集会は1200人を超える人が集まり盛り上がった。集会後は降りしきる雨の中、数百人が街宣車で演説する宇都宮氏を囲んだ。これを大きなメディアが報道していたら、宇都宮氏の大きなムーブメントができていたかもしれないと思う。

しかし、大きなメディアの関心事は脱原発を標榜した保守系の元総理だった。小泉純一郎元総理と細川護熙元総理。小泉氏に立候補を依頼した細川氏に対し、小泉氏のほうが「あんたが出るなら全面応援する」と切り返したという。それを受けた細川氏が悩んだ末、「全面応援」を条件に立候補を決意した。

ただ最終決断までが長かった。正式出馬声明は都知事選公示の2日前で、いくつかの選挙を経験してきた私は、これでどうやって選挙を闘うのだろうと首をひねった。

日本の選挙制度では、公示後は決められた法定ビラと公選はがき、掲示場所へのポスター、あとは宣伝カーと街頭演説くらいしかできないからだ。通常は選挙前の準備活動がカギを握っており、それでどれだけの人と繋がったかが選挙結果を左右する。

私は細川氏の正式表明前に選対関係者とも話したが、どうやら青島型選挙を意識しているようだった。1995年から1期ほど都知事に就任した青島幸男氏の選挙のことだ。参議院議員時代からほとんど選挙活動を行わず、選挙期間中は海外旅行をしていたこともある。それでも選挙は強かった。

おそらく似たものを目指したが、結局は中途半端な形になった。ポスターには政策がなく、法定ビラは二つ折りで名刺大をひとまわり大きくしたもの。多くの人が「これだけ?」という印象を抱いたかもしれない。

しかし、それでも細川氏は100万票近くを獲得した。宇都宮氏を下回ったものの、準備万端で盛り上がっていた宇都宮氏とほぼ同等の得票だった。もちろんこの背景には、細川勝手連である「脱原発勝手連」のがんばりもあった。

ただ、どちらの候補もはっきりしているのは、本当に多くの人が選挙のために動いたということだ。これによって多くの人々が選挙経験と、選挙活動のコツを学んだであろう。そういう意味では、お二人とも「魅力ある」カリスマ候補だったということである。こんな人たちが国政にチャレンジすれば、国政選挙もまだまだ変わる可能性がある。

4、宇都宮、細川、舛添各候補の政策比較

それではここで2014年都知事選挙の各候補の政策比較をしてみよう。細川氏は脱原発をシングルイッシュー、宇都宮氏はそれをワンオブゼムとして扱ったと先に書いたが、それはメッセージ発信の仕方であって、実際の政策では細川氏もそれなりに広範囲な政策を書いている。

いろいろな団体が各候補の政策比較をしているが、その中に「2014東京都知事選挙マニュフェスト実現可能性比較表」という一覧を作っているところがあった（早稲田大学マニュフェスト研究会らしい）。宇都宮、田母神、細川、舛添の4候補の比較で、①エネルギー・原発、②防災・減災・インフラ老朽化対策、③オリンピック・パラリンピック、④子育て支援・教育、⑤医療・福祉・高齢化対策、⑥雇用・景気対策など全部で11項目に分類されている。

文字数が最も多く実現可能得点も高いと評価されているのが宇都宮氏で、次が舛添氏。細川氏はシングルイッシューとしている脱原発に関わる①ですら両氏より文字数が少ない。④や⑤にもほとんど記述がなく、他候補がそれなりに語っている⑩の外交・領土問題は空白、⑪の行革・分権もあまり記述がない。もちろん、これをまとめた学生たちの主観が入っているのでその通りとは言えないが、4候補が社会的には、この

ように見えていたという一つの記録と言える。

肝心の脱原発政策では、田母神氏を除く3候補で書かれていることがとても似ている。まず再生可能エネルギーの普及、そして省エネである。宇都宮、舛添両氏は電力自由化にも言及、宇都宮氏は天然ガス発電所の大規模導入にまで踏み込んでいる。これを見る限り、舛添氏もかなりの脱原発候補であったことがわかる。

東京都はもともと、再生可能エネルギーや省エネに関しては積極的な取り組みを進めており、２０２０年にはエネルギー消費に占める再生可能エネルギーの割合を20％とするという目標設定をしている。「熱は熱で」というスローガンに示されるように、電気だけでなく熱供給でも再生可能エネルギー比率を高める方針だ。これらの環境エネルギー分野の業績により、元環境局長で今は自然エネルギー財団常務理事の大野輝之氏がカリフォルニア州の２０１３年度ハーゲンシュミット・クリーン・エア賞を受賞されたほどだ。

省エネ努力やエネルギー効率向上は大前提とされており、そういう意味では3候補ともほぼ現政策を踏襲していただけと言える。

ただし、２０２０年に再生可能エネルギー20％の実現を明記したのは細川氏のみ。細川氏は「東京エネルギー戦略会議」という、いわば実行部隊の設置もうたっている。

宇都宮氏の電力自由化への言及も少し突っ込んでいて、「国にさきがけて電力自由化の範囲を拡大」と書かれている。また「再生可能エネルギー促進条例」や「省エネルギー促進条例」という具体的な言及もある。私自身、宇都宮氏や細川氏の陣営に「条例提案」や「電力自由化の範囲拡大」を助言しており、それが少し反映された結果かもしれない。

だが総じて言えば、東京都が日本全体の脱原発をリードできるような具体的な政策が提案されたとは言いがたい。比較的おとなしく、そつなくマニュフェスト的にまとめたという感じである。

ただ街頭アピールでは、細川氏が徹底的に脱原発による経済再生を訴えていたのが印象的であった。再生可能エネルギーと省エネへの投資が成長戦略なのだと、応援団の元総理小泉純一郎氏が繰り返し語っていた。これは私自身が常日頃から語っている内容とほぼ一致しており、「うーむ、この人が私と同じことを」と不思議な感慨をもって聞き入った。

細川、小泉両氏は、この都知事選で訴えたことが、その場限りではなく、ちゃんとやり切るのだという意味を込めて、２０１４年5月に新たな団体「原発ゼロ・自然エネルギー推進会議」を発足させた。その成果には大いに期待したい。

ちなみに「原子力発電に依存しない社会の構築」をめざすとしていた舛添氏の都知事としての新政策の中にも、「官民連携再エネファンドの創設」があった。ファンドは今年度予算で具体化され、40億円規模で、「都内投資促進型ファンド」と東北地方を意識した「広域型ファンド」で構成されている。

さまざまな評価はあるが、細川氏、宇都宮氏が参戦して競い合った都知事選の効果は、ある意味で実を結びつつあるとも言える。

5、猪瀬氏の脱原発政策と東京都の影響力

「東京都が日本全体の脱原発をリードするような具体的な政策」とは何だろうか。どんなにがんばっても、国政の方針を一人の知事が変えることはできない。しかし国全体が脱原発に向かって行くような経済成長や社会システムの転換をリードすることはできる。

もっとも典型的なのは、電力供給の仕組みを変えることだ。東京都にはそれだけの規模がある。幸いに政府でも「電力システム改革」は既定方針になっている。

いまでも都庁舎などの高圧受電施設は電力自由化されており、新電力（PPSとも呼ばれる）から電気の供給を受けることができる。また東京都が発電所となって、新電力に電気を売ることもできるし、東京都自身が新電力になれば、今は東京電力の売上となっているかなりの部分を東京都の収入とすることもできる。それに協力して都内に発電所を設けた企業の電気を積極的に買い上げれば、企業収入も増え、法人税や所

得税、固定資産税などの税収増にもつながる。

さらに一般家庭まで電力自由化された後には、都内配電網を東京都が東京電力から買い取ることで、都内の詳細な需要分布を把握し、ピーク電力のカットとか、昼夜電力の平準化など、エネルギーの節約と効率化のさまざまな策を打つことも可能になる。

このような構想を持っていたかは別に、この方向に近づく対策を次々に繰り出していたのが、実は猪瀬直樹前知事だった。

東京都は２０１２年12月25日から、都庁舎の電力のおよそ3分の1を、東京ガスの関連会社からの供給に切り替え、これによって年間の電気料金８００万円を減らせると試算し、さらに13年4月からは都庁舎に電力を供給する業者を入札で決めるようにした。

13年10月時点で、都が保有する施設全体で利用する電力約１００万kWのうち、３７１施設の９万５６４３kWを、新電力との契約に切り替え、これによって電気料金を年間に1億９０００万円削減できると見込んでいた。

ほかにも民間企業と共同でファンドを設けて、メガソーラー建設や小規模（10万〜30万kW級）の天然ガス火力発電所の建設や再生可能エネルギーの導入を推進し、復興支援として、福島県に石炭火力発電所を新設して首都圏に電力を供給できるように、国と東京電力に働きかけることも考えていた。

また、東京都が保有する施設に大型の蓄電池を配備して、電力需要がピークになる時間帯に電力を供給できる体制を強化し、地域全体のエネルギー管理をシステムで最適化する実証実験にも取り組み、自立分散型のエネルギー供給が可能なスマートシティの実現を目指していた。

東電病院の売却を求め、湾岸への100万kW級の火力発電所を建設し、都所有の小水力発電による電力の売却先を東電から新電力へ切り替えた（2013年4月〜15年3月の契約分）。1kWhあたりの単価が、東電は9円のところを14・5円で売却することになり、2年間で約2億4000万kWhの電力を34億円で売却、東電との契約時と比べ13億円の増収を見込んでいた。

このように東電に嫌がられることをやり続け、その結果があの政治資金問題になったと私は勝手に推測している。実は電力会社にとって一番痛いのは顧客を奪われることだ。

本来であれば、福島原発事故後に債務超過に陥り、あっという間の2011年3月末で倒産していたはずの東京電力を、当時の民主党政権は救済する判断をした。

三井住友銀行を中心とする銀行団からの2兆円の緊急貸付で東電を存続させ、その後に「原子力損害賠償支援機構」（以下「支援機構」）という、政府の金を東京電力に流し込む仕組みをつくった。原発事故被害者への速やかな損害賠償を理由に、東電は自己資金を使わないで、国民のお金（税金）で損害賠償できるようにした。

「支援機構」から東電へ流れた金は、「交付金」＝贈与で、返還義務のある「貸金」ではない。負債とすれば、東電は債務超過になるので、これを「収入」にすると「会計規則」まで変えた。（2012年1月、電気事業法会計規則の一部改正）

東電は、2014年3月期連結決算で約4300億円の黒字となった。電気料金の値上げで、収入が約2400億円増えたことが主な要因だが、「支援機構」からの交付金、約1兆6千億円も特別利益に計上されている。

最終的に政府は、財務省から文句を言われるので「交付金」を支援機構への「負担金」の支払いというかたちにして借金のツケを回収することにした。

2013年度の東京電力の黒字はこうして演出された。

「被害者への損害賠償ができない」「電気が安定供給できない」「日本の金融システムが破綻する」と言いながら、政府は何がなんでも東電を黒字にしようとしてきた。

猪瀬前知事が、東電から新電力に切り替え、「脱東電」をはかり、東電の顧客と利益を奪うという、「まともな」施策を続けたら、この政府のシナリオが崩れてしまうのだ。

5千万円（渡辺喜美の8億円よりはるかに小さい）で追放という、しかるべきスジが仕組んだ追い落としだったと思わせるに十分な「業績」だった。

6、あらゆる分野で中央集権型から地域分散型へ

東日本大震災が私たちに教えてくれたのは、現在のさまざまなインフラが災害に弱いということだった。送電線で遠くの発電所と都市をつなぐ電気はその典型で、東電管内は計画停電なる無計画停電に襲われた。ガスも電話も高速道路も寸断された。

これによって、中央と地方とを結ぶ巨大な動脈よりも、自立した分散型システムのネットワークのほうが災害には強そうだと誰もが思ったはずである。

しかし、政府主導の現在の復興はあいかわらずの中央集権パターンで行われている。何も反省していないというより、違うものを発想する能力がないように見える。あるいは、分散型システムは既得権益を破壊するに違いないから、早めに叩き潰せという深謀遠慮があるのかもしれない。

猪瀬前知事の政策は、こうした政府の復興政策と図らずもバッティングしてしまったらしいが、彼の構想した再生エネルギーファンドは舛添知事に踏襲されているし、契約電力の新電力への切り替えも、保有する小水力発電の売電契約変更も進められている。東京都の脱東電化は着々と進んでいるのだ。

これは猪瀬前知事の功績というよりは、そのはるか以前から環境対策を重視し、都内エネルギー消費の削減と再生可能エネルギー普及に努力してきた東京都環境行政が、

3・11大震災と原発事故を踏まえて必然的に選び取ったものだろうと思われる。その環境行政の基本路線は、石原慎太郎都政のはるか以前からある。自ら考え、自ら企画し、自ら解決する。政府には頼らぬ、いわば「自立した力」が、どんな知事が来ようと動じない、そんな行政姿勢を作り上げたのではないだろうか。

来年には、全国1797自治体のうち、約1000の自治体で地方議員選挙が行われる。私は、この統一地方選の課題を「市民の政治力」「脱原発候補の躍進」「政権交代を可能にする勢力の台頭」の三つだと思っている。

「市民の政治力」とは、きちんと選挙を戦う力、きちんと勝つための調整をできる力のことを指すのはもちろんだが、もう一つは「行政」を動かす力である。

東京都の環境行政も一朝一夕で作られたものではない。長い年月をかけ、議員や都内企業、そして各種市民団体との研鑽を重ねて育てられたものだ。それは市民側が、どのような政策をまとめ提案できるかということでもある。

あなたが日本を変えようという熱い意志をもっているのであれば、まずあなたの地域から変える取り組みをしてみよう。

まずは議員。脱原発議員と思える現職がいるならば、まずその現職を応援する。いなければつくろう。自分の住んでいる自治体で「脱原発議員を生み出そう！」というアクションを起こすのだ。

再生可能エネルギーの分野では、各地で市民電力（市民の発電事業）が誕生している。地域のエネルギー資源を地産地消で活用しようと。

政治の分野でも、各地域に眠れる資源があるはずだ。眠れる資源を掘り起こすには、軸になる政策が必要だ。再生可能エネルギー推進条例や自治体の電力契約の変更、地域エネルギー事業立ち上げなど、電力会社からの自立を可能にする政策をまとめてみよう。その作業に一緒に取り組んでくれる人たちが、まさに資源だ。

同様にその政策を一緒に考えてくれる自治体職員を見つけよう。それも強力な地域資源だ。地方自治体で環境行政に関わっている人の中には、そういう人が必ずいる。数年でセクションを変わるので、今は環境担当ではないかもしれないが「実は」という人もいる。脱原発現職議員がいれば、よく知っているはずだし、環境問題に取り組んでいる市民運動があれば、そこの人たちも知っているはず。そうやって動き回ることが、ネットワークを広げることにもつながる。

地方選挙の利点は、小選挙区制度ではないことだ。少なくとも複数候補が当選できる可能性がある。その中に加わるには、何票を獲得すれば良いのか、そのためにはどんな活動が自分たちの地域で必要なのか、そういう実務的な数字も調べてみよう。立候補の仕方、後援会のつくり方、必要な資金の集め方……など、ハウツー的なセミナーもある。先に上げた「緑茶会」はじめ、いろいろな団体がやっているのでインターネットなどで調べてみると良い。

この原稿を書いたものとしてのお願いは、この文章を読んだ皆さんが、選挙が行われるすべての自治体で市民候補者づくりにチャレンジしてほしい。

そんな夢のようなことが実現すると、次には国政だ。あちこちの自治体に複数の脱原発議員が存在するという状態になってくれば、全国３００の小選挙区でも脱原発候補者を国政で当選させることができるような地盤がかたちになって行くのではないだろうか。そうすれば、もう市民選挙は分裂選挙などというのは「昔の話」だということになるだろう。

声を上げ続けることで、世界は変わる

「2CHOPO」編集長◎バブリーナ

【プロフィール】

1979年生まれ。新宿2丁目ポータルサイト「2CHOPO」編集長／女装タレント。

【2CHOPO】

LGBTポータルサイト。企画・制作・運営：株式会社 DMM.com

私は、LGBTのポータルサイト「2CHOPO」編集長をつとめています。「LGBT」とは、L＝レズビアン（女性同性愛者／Lesbian）、G＝ゲイ（男性同性愛者／Gay）、B＝バイセクシャル（両性愛者／Bisexuality）、そしてT＝トランスジェンダー（身体の性別と心の性別が一致しない者／Transgender）のそれぞれの頭文字をまとめた呼称です。サイトを開設して今年の春で丸二年になりました。

大反響！

私たちのサイトで、今回（2014年2月）の東京都知事選挙の立候補者へ性的マイノリティについての質問を投げかけたところ、読者からとても大きな反響をいただきました（レポート【東京都知事選挙2014】：「立候補者に聞いた、セクシャルマイノリティについての6つのこと。※」)。

それまで政治に興味がなくて誰に投票したらいいかわからない、と思っていた方でも、この企画で興味をもたれた方が多数いらっしゃいます。

「投票してきました」「初めて選挙へ行きました」といったメールやツイッターでの返信を多数いただきました。若い世代からは、「アンケート結果を見て投票に行きました」という声をもらいました。

もともと「2CHOPO」の読者は若い世代が多く、20代から30代の方がメインの読者層です。政治に興味がないと言われている年齢層が、私たちのサイトで政治に関心をもつようになって下さったのは、大変嬉しいですね。

これまで選挙での公開アンケートは、2012年の都知事選、2013年の参議院選、2014年の都知事選の3回行いました。閲覧者からの反応は、回を重ねるごとに大きくなっています。

LGBT当事者だけでなく、ストレート（異性愛者）の方からの反応もたくさんいただきました。サイトとしてはこれまでで一番反響のあった企画になりました。

差別発言をする都知事への反発から

私たちが最初にアンケートを行ったのは、石原慎太郎さんが都知事を辞任した後の都知事選挙です。

石原さんは、ゲイについて「どこかやっぱり足りない感じがする。遺伝とかのせいでしょう」（２０１０年12月7日）などといった差別発言をしたため、ＬＧＢＴ当事者からの抗議運動が起こりました。

「次は石原慎太郎さんみたいな人には任せたくない」という当事者からの声は大きくなり、次の都知事はＬＧＢＴに対してどのような考えを持っているのか、どういう政治をやってくれるかが、注目されていました。

このアンケート企画の発端はそこからですね。でも、このとき当選した猪瀬（直樹）前知事からのご回答はありませんでした。

アンケートの質問内容は、編集部で考えました。とにかく、ツイッターなどのＳＮＳで、石原さんの暴言に対する当事者からの反発が凄まじく、まず「石原都知事のゲイ差別発言についてどう思いますか」という質問を盛り込みました。

アメリカのオバマ大統領が同性婚を容認する発言をしたタイミングと同時期なのも

あって、アメリカは同性婚を認める流れにあるときに、日本は同性婚に対してどういう姿勢を見せてくれるのか、そのような質問をまとめて性的マイノリティに対する立候補者の意識を確認するアンケートにしました。

世界の状況と比べると

日本では性的マイノリティについての法的な整備は、まだなされていません。法的に婚姻関係が認められていない場合、パートナーが病気や事故で入院したときに、医師やパートナーの家族から状況を知らせてもらえない、看病もできない、パートナーの最期に立ち会えない、パートナーの死後に年金や財産を受け取れないといった問題が生じます。

アメリカでは去年、連邦最高裁が同性婚カップルにも異性婚カップルと同等の権利を保障する判決を出しました（2013年6月26日）。同性婚が認められている州で合法的に結婚をした同性婚カップルに、所得税や相続税、社会保障などで異性婚カップルと同じ権利を認める、としたんです。

オバマ大統領が2期目の就任演説の中で、歴代大統領としては初めて同性婚を支持表明したことで（2013年1月）、このところアメリカでは同性婚承認の流れが強まっています。（米連邦最高裁は「結婚制度のあり方は州が決めるべき領域」として、同性婚を承認するかどうかの判断は州に委ねている。）

２００1年にオランダが、世界で初めて同性同士の結婚を認める法律を施行して、そのあとヨーロッパや南米などで、同性婚（13カ国と複数の州）やパートナーシップ法（16カ国と複数の州）が法的に認められるようになりました。アジアでも、タイやベトナム、台湾で法制化に向けた動きが出ています。

日本でもそういう法整備の議論が起こるように、私たちのサイト「２ＣＨＯＰＯ」でも動いていきたいと思います。

アメリカで同性婚を認める流れになったのは、長年、当事者が声を上げ続けた歴史があって、権利を勝ち取ってきた結果です。日本は、欧米とは文化の違いもあるので、日本独自の戦略を考えていかなきゃいけないかなと思います。

参院選の公約にLGBT施策

今回の都知事選では、宇都宮けんじ候補や家入一真候補とも対談させていただきました。対談のユーストリーム中継を見て、「ＬＧＢＴのことを知りました」と声をかけてくださる方もいました。

現在、豊島区議で社民党の石川大我さんをはじめ当事者の政治家さんも少数ですがいらっしゃいます。去年の参院選では、社民党のほか、民主党、公明党、日本共産党の公約にＬＧＢＴについて記載されました。自民党でも最近はＬＧＢＴの勉強会をされているそうです。

ＬＧＢＴに関する施策を考えてくださる政党や政治家や候補者の方と今後もお付き合いさせていただいて、私たちの声を反映させていければと思っています。

以前はもっとエンタメ寄り

「２ＣＨＯＰＯ」をはじめた頃は、日本でちょうど、「オネエタレントブーム」が起こっていて、日本でも少しずつですが、性的マイノリティの存在が認められる流れができていました。そういうなか、ＤＭＭ（DMM.com）さんから「ＬＧＢＴのためのポータルサイトをやりませんか」とお話をいただき、サイトを立ち上げました。

サイト開設当初は、政治のことはほとんど取り上げておらず、もっとエンタメ寄りのサイトでした。音楽、映画でゲイ向けの作品を紹介したり、ＬＧＢＴの人気者、カリスマ的な存在の人たちに記事や画像を投稿してもらっていました。

サイトの読者にはまず当事者の方たちが集まり、徐々に2丁目に興味があるストレートの方が増えてきました。

「２ＣＨＯＰＯ」では、おもしろおかしく書いているように見えて、実は真面目なことを書いている記事が人気ですね。

執筆者には固い文章の方もいらっしゃいますが、文章に縁遠い方にも読んでいただけるように、エンタメ要素多めに執筆をお願いしている方もいます。若い読者層は文章を読まない人が多いので、間口を広げるという意味で、おもしろく書いてもらっています。


エンタメ中心だったサイトが変わったきっかけは、選挙の候補者へのアンケートの企画からですね。それまで社会的な記事はまったくなかったのですが、反応が大きかったのもあり、さまざまなジャンルの企画やニュースを取り入れるようになりました。

私もこのサイトをはじめるまでは、まさか、自分がゲイリブや同性婚について深く考えるようになるとは思ってもいなかったんです。

実際にアンケート企画を発信し、候補者の方からの回答や読者からの反応で、声をあげることで世の中を動かすことができるんだ、と気づいたんです。

この企画のおかげで、当事者にとっての時代の変わり目にいるんだな、という自覚が芽生えましたね。メディアとして自覚ができたというか。ここまで広がるとは思っていませんでした。

プライドを持って

今は、ゲイがおもしろおかしいキャラでしか取り上げられない状況を変えたい、どうしたら変えられるかな、ということをよく考えています。

自分たちにプライドを持ってもらいたい、というか、こういう生き方もあるんだよ、と当事者や社会に提案していきたいですね。

まずはみなさんの身の回りにもＬＧＢＴ当事者がいる、そしてＬＧＢＴに関する問題を可視化する、それから権利獲得に向けて声を上げていく、今後はそういったムーブメントをつくれればと思っています。

去年の春くらいからは、連載陣にゲイリブや同性婚事情に詳しい方にも参加していただいて、当事者の意識を少しずつ変えていくところからはじめています。

声を上げ続けること

人口の５・２％は性的マイノリティ、ＬＧＢＴだと言われています（２０１２年、電通総研）。日本では、６００万人から７００万人、およそ20人に１人という割合です。

テレビではエンターテイメントの世界が取り上げられることが多いですが、実際には、普通に生活しているLGBT当事者のほうが多いです。

性的マイノリティについて認知されるようにはなってきましたが、やはりおもしろおかしく取り上げられることが多いので、私たちはほかの視点でもLGBTを盛り上げていけたらと思っています。

声を上げないと、死んでいるのも同然ですからね。


ネガティブな反応ももちろんあります。「オネエは女装した人たちだけで、普通に生活しているゲイが存在していることをメディアで言わないでほしい」という人もいます。地方で暮らす方からは、「ひっそりと暮らしたいのでやめてください」という声をいただいたこともありました。

若い世代からはネガティブな反応は少ないです。多いのは、私よりもちょっと上の世代ですね。結構、世代で意識は変わります。


LGBTであることが原因でいじめられた話を日本でも耳にすることがありますが、同じ先進国であるロシアでは、同性愛に対する弾圧が強まっています。

「同性愛宣伝行為規制法」（2013年6月）という、同性愛を肯定的に宣伝すると罰せられる法律が成立し、同性愛者に理解を示す外国人もこの法の下では逮捕・拘束されます。実際に、ロシアの性的マイノリティ当事者への暴力事件が激増しています。ロシアのような同性愛者弾圧を日本で発生させないためにも、当事者と理解者が一枚岩になって、同性婚の法制化のムーブメントを起こすことが課題だと思います。

10年以上前にいわゆる「ホモ狩り」事件が発生したときには、抗議運動が起こりました。今は個人単位ではあるかもしれませんが、ホモフォビアによる攻撃を受けたという話は聞かなくなりました。

それは、「オネエタレント」のみなさんが活躍されて、一般に理解してくださる人が増えたおかげかもしれません。

マンガ『ラヴァーズ・キス』

個人では、学生時代にLGBTであることが原因でいじめられたという話は、残念ながら未だによく聞きます。私も経験があります。

「自分はゲイでいいんだ」と思えたきっかけは、吉田秋生さんのマンガで『ラヴァーズ・キス』（小学館）という作品を読んでからですね。

その頃、私も思春期で、自分のセクシュアリティについて悩んでいたんです。田舎で当事者の知り合いは誰もいなくて孤独を感じていました。あのマンガに自分を肯定してもらえましたね。

テレビドラマ『同窓会』（1993年10月〜12月放映、日本テレビ）も私を救ってくれました。こちらも同性愛を描いた作品だったんですが、実際の新宿2丁目が映っていたんですね。「ああ、ここに行けば仲間に会えるんだ」と知って、それで私、2丁目に行きました。初めて当事者の友人ができたことで、孤独感から解放されました。

「カミングアウト」の問題は、やはり当事者にとっていちばんの難題です。当事者は誰もが向き合わなければならないトピックですから、その人の環境や性格にも左右されます。話を聞くと、ケース・バイ・ケースです。

聞き手のキャパシティの問題もあります。私の場合、友達へのカミングアウトは比較的楽でした。親へのカミングアウトは当事者の誰もが苦労していますし、できない方がほとんどだと思います。

親に結婚やお見合いを勧められて、そのタイミングでカミングアウトしたら、親御さんが鬱になってしまったという話も聞きました。ゲイやレズビアンの素養のある子どもだったのなら、親御さんの心の準備もできているかもしれませんが、いきなり「ゲイだ」と打ち明けられたら、驚きますよね。

当事者の友人には、ＬＧＢＴの知識や理解のない親御さんだったために「ゲイ＝病気」と思い込まれて、精神科に通院させられた人もいました。

セクシュアリティを言わなくてもいい世の中に

アメリカのドラマだと、ＬＧＢＴのキャラクターが登場します。最近では日本のドラマでも増えてきました。ドラマ『半沢直樹』にもオネエキャラが出ていたり、当事者でない方がＬＧＢＴの役を演じるようになってきたので、時代が変わってきたんだなと実感しています。

山本太郎さんがゲイを演じた映画『ＥＤＥＮ』（監督：武正晴、企画：原田芳雄、２０１２年）もいい映画でしたね。当事者でないと感動するポイントがないんじゃないかなと思うくらい、当事者側に傾倒した作品でした。

将来的には、ＬＧＢＴの地位向上や、性的マイノリティの存在を社会に認知してもらうことで、あえてセクシュアリティを言わなくてもいい世の中にしたいですよね。当面の最終目標ですね。

わざわざ「ぼくは男性が好きです」「私はレズビアンです」なんてセクシュアリティを言う必要のない社会になればいいですよね。カミングアウトの問題をはじめ、ＬＧＢＴであることで悩む必要のない社会にしたいです。

反応がやりがいに

「2CHOPO」は現在、企画・取材・編集・校正は私一人で担当しています。結構忙しいですが、やりがいを感じています。

選挙のアンケート企画を行い、読者の方々からの反響を受け、世の中が変わってきているのを実感できたことは、サイトを運営するモチベーションにも繋がりました。課題が山積しているからこそ、ひとつずつクリアして、世界をもっと変えていきたいと思えます。若い当事者たち、次の世代のためにも、私たちが社会を変えなければなりません。

あとはどうやって変えていくかが問題ですね。実際に自分たちに被害が及ばないと、動かない国民性だと思うんです。ですが、何かあってからじゃ遅い。

手遅れになる前に私たちができることは、声を上げ続けること。

実際に声を上げている人も増えています。この流れに乗って社会を日本を世界を変えていく、そういう意気込みで走り続けたいと思っています。

（2014年4月　東京・新宿の喫茶店にて）

※
【東京都知事選挙2014：立候補者に聞いた、セクシャルマイノリティについての６つのこと。】

来たる２月９日（日）投開票される「東京都知事選挙」

今回の都知事選に立候補を表明している16名の候補者に、「セクシャルマイノリティ」「同性婚」「オリンピック」「風営法」に関するアンケート取材を行いました。

果たして候補者たちは、セクシャル・マイノリティに対してどのようなスタンスを表明し、どのような公約や政策を公言してくれるのでしょうか。

各候補者の回答をひとつの指標として、２月９日（日）はぜひ投票へ！

●質問１：「セクシャルマイノリティ」についてどうお考えですか。

●質問２：米最高裁が連邦法である「結婚防衛法（DOMA＝Defense of Marriage Act)」に対する違憲判決を出し、今後「同性婚」がアメリカそして世界的にも多くの国で認められる流れとなりそうですが、「同性婚」には賛成ですか？反対ですか？またその理由をお聞かせ下さい。

●質問３：「同性婚」賛成の方にお尋ねします。日本においても同性婚やセクシャル・マイノリティの権利を守る法整備がなされるべきだと思いますか？また都知事に選出された際には東京都として、同性婚やセクシャル・マイノリティに対する取り組みなどはお考えでしょうか。具体的な公約や政策案がおありでしたら、お聞かせ下さい。

●質問４：今年ソチ五輪が開催されるロシアでは、同性愛を規制する法案が制定されたために国際的に大変な批判を浴びていますが、オリンピックが開催される2020年の東京は、セクシャル・マイノリティにとってどの様な都市を望まれますか。

●質問５：現在の風営法ではダンスクラブや飲食店は、午前０時以降の深夜営業が出来ません。東京オリンピック開催時に新宿２丁目をはじめ夜の街が合法的に機能しないのは問題かと思われますが、この条例の改正に取り組んでいただけますか。また反対の方は理由をお聞かせ下さい。

●質問６：東京で開催が予定されている「東京レインボープライド」をはじめ、セクシャル・マイノリティのイベントでのスピーチ・もしくはコメントをお願いするのは可能でしょうか？

差別デモを規制する条例を

差別反対東京アクション◎石野雅之／西村直矢

【プロフィール】

石野雅之：1960年東京都生まれ。生協職員。

西村直矢：1979年生まれ。

【差別反対東京アクション】

東京で行われているヘイトスピーチ・デモに対して東京都自らが対策を行うことを求めて2013年10月から活動を開始。毎週月曜日19時から都庁前にて「差別反対都庁前アピール」を行っている。


――この運動はどのようにはじまったのですか？

石野　私はこの運動に参加したのはあとのほうなんです。昨年（2013年）の年明けくらいから差別デモ、ヘイトスピーチ・デモが活発化してきたので、野間易通さん（フリー編集者）が「しばき隊」（「レイシストをしばき隊」）を結成して、カウンター活動をはじめた。「プラカ隊」（プラカードを掲げるデモ隊）もでてきた。ほかにも、「男組（おとこぐみ）」というグループができた。それが2013年6月。私は8月に男組に参加しました。

しかし、カウンター活動は、ヘイトスピーチ・デモへの対症療法なので、根本的な解決にはつながらないのではないか、もっと具体的に踏み込まなくては、と男組の中で話をしていくなかで、まずは東京都にああいう差別デモをやらせないように求めていこう、都庁に対して街宣をかけていこう、と、10月に男組で都庁前での街宣活動を行いました。

ただ、今後は市民活動としてやろうということで、その翌週の街宣のときに「差別反対東京アクション」というグループを立ち上げて、そこから活動を開始しました。

――参加者はどういう人たちですか？

石野　いろいろだね。学生もいるし。30代が多いのかな。

西村　老若男女です。下は10代から60代、70代まで。男性も女性も。いちいち聞いてまわったりしているわけではありませんが、日本人だけでなく外国人も参加していると聞いていますし、セクシャル・マイノリティと呼ばれる人たちも参加されています。

――目的は？

石野　活動の目的としては、東京都で条例をつくり、差別デモをする人たちを街中に出させない、ということです。

――カウンター活動に手詰まり感があったのですか？

石野　カウンター活動の次のステップに移ろうということだったと思います。ヘイトスピーチをする彼らの行動を無効化することはだいたいできてきたし、去年（２０１３年）６月30日の新大久保での大抗議には、２千人くらいの、互いに見ず知らずの人たちがカウンター側に集まりました。

実際「差別デモは悪」という認識が世の中にできてきたけど、今の法律ではヘイトスピーチ・デモそのものを規制することはできない。じゃあ、そこを変えるしかないね、ということでした。

西村　新大久保でのカウンター活動がメディアでも取り上げられるようになって、ヘイトスピーチ・デモがある種、社会問題として広く世間に共有されたと思います。

ただ、現行の法体系、法律、条例では、ヘイトスピーチもひとつの言論として認められてしまう。つまり、ヘイトスピーチを伴うデモであっても、デモの申請をすれば、表現の自由の範疇として許可される。差別的な活動が目的であっても、公園の使用許可を申請すれば、公園は貸し出される。

こういう状況のなかで、ヘイトスピーチ・デモに対してカウンターという現場での対抗言論を繰り広げるだけでなく、そもそもヘイトスピーチというものを言論の自由、表現の自由の範疇とは認めない、デモもさせない、という方向に、行政も含めた社会の合意事項としてもっていくにはどうしたらいいか、と考えると、条例がないと解決

毎週月曜日夜７時から行われている都庁前街宣活動

しないのではないのか、ということだったのです。

ヘイトスピーチに対して法規制をかけることに、適用範囲が広がるにつれてヘイトスピーチとは言えない表現も規制される危険性など、懸念される点はあります。

しかし、自治体が何もしないでいいはずもない。

差別に反対する市民の言論活動はもちろん重要な活動ですが、残念ながらそれだけでは抑止力にはならない。行政の判断として「ヘイトスピーチはいけない」ということを、広く世間の規範とし、具体的な抑止力という形でつくらせる必要がある、という判断です。

――そうした判断をしていくきっかけは？

西村　はじめた当初の都知事は猪瀬（直樹）さんでした。猪瀬都知事は、東京都で起きているヘイトスピーチ・デモについて、遺憾の意に近い表明はあったものの、結論としては「注意深く見守る」という消極的な態度でした。これに対する不満が私たちにまずありました。

都として解決せねばならない重大な問題であるとの認識が感じられなかったんです。現にこの東京都で深刻な人権侵害が発生し、社会の公正性が傷つけられているにもかかわらず。

あと、ちょうど去年の9月に、オリンピック招致が東京に決まった。これもひとつのきっかけでした。差別とオリンピック、直接の関係はないと思うかもしれませんが。

石野　この東京の状態で外国から人を呼べるんですか、と。

西村　差別・排外主義がまん延している都市に、海外からの観光客、選手団を呼ぶことができるのか。呼ぶにふさわしい東京都であるのかということを、都に問いただす、というのもきっかけのひとつですね。

――個人的な契機は？

石野　僕は今53歳で、学生時代に運動をしていましたが、当時は一部の特殊な人たちの行動でした。それが、福島の原発事故があって、反原連（首都圏反原発連合）の官邸前デモがはじまり、市民が声を出すことが大切ということが、社会的に常識になってきた、ということも関連していると思います。

カウンターも、街宣も、3・11後の市民運動が活発化してくるなかで、こういうこともやれるんだ、やらなきゃいけないんだ、ということがみんなの中にあった、ということでもありますね。

西村　私は大学時代の勉強や研究という形で、エスニシティやエスニック・マイノリティについて知識としては知っていましたが、具体的な運動にたずさわりだしたのは、去年（2013年）3月の新大久保での在特会（在日特権を許さない市民の会）によるヘイトスピーチ・デモに対する抗議活動が最初です。学生時代も、左翼活動とか、いわゆる思想的な活動はいっさいやっていなかったです。

ツイッターはやっていましたが、自分の張っているアンテナが狭かったのでしょう。自分が収集している情報では、リアルタイムでは新大久保以前のカウンターや反原発の運動については入ってこなかった。

入ってくる情報ときっかけなんだと思います。新大久保でのヘイトスピーチ・デモとカウンターというのは、わりとリアルタイムで、こういうことが起きていて、こういう活動があるといった情報がツイッター等を通じて収集できたんですね。これはもう、タイミングの問題としかいいようがないんですが。

それで、実際に新大久保まで見に行って、たしかにヘイト・デモはひどいという憤りと、これは自分も何かやらなきゃいけないな、みたいな思いが生まれて。それで活動に参加したという感じです。

石野　みんな、たまたまですよ。

——行政に対して具体的にどういう活動を？

石野　都庁前で街宣をやるのが最初の目的だったので、これをやっています。署名を集めることも考えていたのですが、猪瀬さんが倒れちゃって、タイミングを逸したままで。具体的にはこれからです。

今年（２０１４年）３月16日に豊島区の豊島公会堂で在特会の集会があったとき、この使用許可の取り消しを求めて、差別反対東京アクションのスタッフが豊島区に対してロビイング活動をしました。同様のことを都庁に対してもやっていこうと計画しています。

豊島区に対しては区長宛てに要請書を提出し、総務課長が受け取りました。それとあわせて豊島区議会の各会派にも同様に要請書を出しました。まあ、門前払いとまでは言いませんが、「今は規制する方法がない」という反応がほとんどでした。

西村　仮に豊島区の担当者が個人として道義的に差別はいけない、ヘイトスピーチ・

デモはいけないと考えていたとしても、それを具体的に規制するには、条例や法律がないとどうにもならない、というところに常に戻ってしまう。

なので、これからロビイング活動や署名も開始していこうというところです。

石野　豊島区の件では、私たちのスタッフが議員さんや議員秘書の方たちにも会っていますが、条例をつくることを表明された方はいらっしゃらなかったですね。ヘイトスピーチ・デモの抗議活動に参加された議員さんもいたみたいですが。そういう人たちをどうやって味方につけていくかはこれからの課題です。

議員さんも現場を見ていないので、何が起きているのかわからない人たちがほとんどです。ただ、この間メディアで報道はされてきているので、何か問題になっているらしい、という認識は持っているようですが。

僕らはよく都庁前で「都の職員は現場を見に来てくれ」と言っています。

――反応は?

石野　僕たちは、都庁の中で働いている人たち全員、つまり都の職員、議員、都知事に対し訴えているのですが、今のところ彼らからの反応はないですね。

ただ、都で働いていた人がスピーチをしてくれたことはありました。正規の職員ではなく、都と一緒に仕事をされたという方でしたが。

そういう意味では、都の人権担当の課長が都庁舎から下りてきて、「話を聞きましょう」なんてことはないです。

――どうしたら行政を動かすことができるか、行政に市民の声を届けられると考えますか？

石野　手探りであることは事実ですが、ひとつには議員さんを一人でも二人でも味方につけることかな。

議員さんが議会で質問を出されることも、ひとつの成果だと思います。民主党の有田芳生参議院議員が参議院会館でヘイトスピーチに関する学習会をされていますが、ああいったことが都議会のなかで行われれば、状況もまた変わるでしょう。何か中に食い込むことをいろいろと考えないといけないとは思います。

――都庁前でスピーチをすることにとまどいはなかった？

西村　私はなかったです。

いま街宣には、少なくて50人、多くて150人くらいが一週間に一度、都庁前に集まっています。

差別に反対する市民が大勢いるということを「絵」として都庁の職員や都知事に見せるということが、行政を動かす力になるはずだと私は考えています。

それから、参加のハードルを下げることも重要だと考えています。

毎週やって効果はあるのか、という懸念もあるかもしれませんが、毎週、場を用意しておいて、あとは「皆さん来て下さい」とすることで、参加しやすくなると考えています。毎週やっていれば、参加者の選択肢は増えると思うんですね。

「差別反対」といったプラカードや横断幕もこちらで用意して、手ぶらで来ても何がしかの意思表示はできるということと、コール・アンド・レスポンスというか、司会の人が「差別を止めろ」と言うのに続いて参加者が声を出していく、という形をとっています。みなさん、自分の意思表示として抗議に来ているわけで、ただ他人のスピーチを聞いてじっとしているよりは、一体となって抗議する時間も重要かなと。

行政を巻き込んでの動きが活発化していけば、それに伴って報道もされ、社会の注目度も増してきて、相乗効果で参加者も増えてくると思います。行政を動かしていくことと、参加者を増やしていくことは、ある種、両輪だと思います。

連絡先を知っている新聞社には、毎週、プレスリリースという形で、今週この場所でこの時間にやるのでぜひ取材に来ていただきたいと連絡もしていて、実際に過去に毎日新聞、朝日新聞、東京新聞は取材に来てくれました。

でも、実際にはどうやっても楽しい場にはならないんですね。なぜかというと、私たちもそうですが、参加している人全員が、怒りをもって参加しているので。

石野　楽しい場に、というよりも、虚しくならない場にしたいね。

西村　そういう言い方のほうが正しいですね。

差別への怒り、ヘイトスピーチ・デモへの怒り、参加者はそこだけを共有しているといってもいいです。「差別を絶対に許さない」という強い意志と怒りを共有した人が集まってくる場なのです。

しかし、たんに参加者のフラストレーションを発散する場にはしたくない。「ふざけんな、東京都！」と言って、スッキリするためにやっているわけではないので。直接行動で、具体的に状況を変えていくことの重要性も、去年の新大久保でのカウンター活動を通じてわかったつもりなので、単なる意思表示で終わらせるわけにはいかない、というのは、これからの課題という意味でもありますよね。

――広げ方、進め方で気をつけていることは？

石野　運営そのものをオープンにしようということで、インターネット上でやっている議論の中にみなさんに入ってもらおうとしています。オープンにすることでいろいろなアイデアが寄せられるので、それを取り入れながら。

そこにかかわる人全員の意見を組み入れることはできないかもしれないけれど、なるべく多くの人の意見を聞くということを心がけていこうと思っています。

僕たちは広報が下手です。ツイッターのアカウントには1500人以上のフォロワーがいるのですが、そこには「次は月曜日にやります」程度の情報しか流せていなくて、今回の街宣では参加者からこんな発言があった、といったフィードバックができていないので、これはちゃんとやっていかないと、と思っています。

差別デモは良くない、と感じて、新大久保のカウンターに2千人もの人が集まるくらいですから、その人たちにもっと、今何が起きているか、それに対して何が行われたのかを伝えることを意識していく。ただ自分たちのやりたいことを伝えるだけではダメ、とは考えています。

西村　私たちは、専従の社会運動家の集まりではなく、悪い言い方をすれば、素人が集まって手探りでやっているので、得たものを自分たちなりに咀嚼《そしゃく》していく必要があると思っています。

とくに踏み外してはいけないと考えているのは、これは反原発運動から学んだことでもあるわけですが、「差別反対」というひとつの目的、シングル・イッシューに、あれもこれもと積み重ねていくのは避けたいということです。

たとえば、猪瀬前都知事の政治資金の不正を追及することは私たちの活動の目的ではないので、「都知事の不正を追及すべきだ」という声は入れない。

都庁前に集まってくる人、あるいは反差別にかかわっている人全体を見ても、思想的な問題でいうと、左翼的な人もいれば、右翼的な人もいるんですね。そういう意味で、現状はあんまり「差別反対」以外の思想は問わない運動にはなっていますが、今後、「差別反対の場に右翼がいるのはおかしいじゃないか」といった声が強くなってきたときにどう対処すべきか、という問題はあります。

――「差別反対」を言うなら、こうあるべき、みたいな？

西村 参加資格を問う運動には極力したくないな、と。

石野 そうはしたくないね。市民運動はそこじゃないから。

西村 差別に反対するためには、「日の丸」にも天皇制にも反対であるべきとか、思想的には右翼ではなく、左翼でなければいけないとか、在日朝鮮人の歴史についても詳しく知らなくてはならないとか。「こうでなければ、この都庁前での反差別活動にたずさわってはいけない、たずさわるべきではない」みたいな、参加の資格を問う運動にはしたくないと思っています。

石野 「シングル・イッシュー」というのは、首都圏反原発連合が打ち出したものですが、それが3年も官邸前で続いている理由でもあるんです。

スピーチ自体を規制するつもりは僕らにはありません。実際には、いろいろな人がスピーチに来ますが、こちらのスタンスを明快にしているので、スピーチされる方も、たとえば「慰安婦」問題などを話される方もいますが、最終的には、今のヘイトスピーチを何とかしろ、というアピールに落としてくれているので助かっています。

西村　そこは主催として気を使う必要は絶対にあるところで、たとえば街宣をはじめる前に、一言アナウンスをするだけでも違うと思うんですよね、「スピーチの趣旨は反差別にのっとった内容でお願いします」とか。

自分のことを話されるのは大いに結構です。被差別当事者の方が、自分の体験や思いを訴える場として機能している面も実際にはあります。それは自分の体験談＝反差別の意思表示になっているので、まったく問題ないと思います。

極力規制はしたくないのですが、どこかで線引きをしなければならないときはくるかもしれない。「反差別」という目的以外のことが入ってこないようにしなくてはと思います。

石野　本当は、そこは許容できなきゃいけないんだよな。

西村　ええ、本当は。

石野　主催側がぶれなければ大丈夫。

――３・11後に、世の中おかしいと思ったらデモに行こう、と意思表示する人は増えていますが、投票率は低い。市民の声を大きくしていくにはどうしたらいいと思いますか？

石野　デモの申請をするにも、申請時間は平日なので、僕は仕事を休まなければならない。しかも申請は1回で終わらないし。どうしたって、平日に何度も警察に足を運んでデモの申請ができるような、そんなヒマな人は世の中にそういないと思うと、週休三日にして、一日は社会活動に時間を当てられる、そういう社会にしなくちゃだめなんじゃないかと、今日、警視庁にデモの申請に行った帰りすがらにふと思いました。昔、「ボランティア休暇」ってありましたね。ああいうものをつくって、市民運動をすることが当たり前のことになればいい。

――職場で活動の話はしますか？

石野　職場では、活動の話はしませんね。うちの職場は結構理解はあるほうだと思いますが、それでも、活動の話はしませんね。もっとオープンに話せるような社会になるような何かがあればいいな、とは思いますが。どうすればいいのかはわからないんだけど。

話はずれますが、僕がこういう活動をはじめたのは、「3・11」があったからです。あの時に思ったのは、自分が学生の時に原発問題にきちんと向き合わなかったからだと。それの結果が「3・11」だった。

在特会の問題も、朝鮮人差別の問題は昔からあった。僕の周りにはなかったんだけれど、現実的にはよく聞いた話だったし、その問題をきちんと考えてこなかったから、今こうなっているんだと思って。だから、まず考える場があればいいと思いますね。考える場というのは、どこかに出かけていって勉強会に出るというのではなくて、日常的にそういうことに触れる場があればいいなと。

それが今はツイッターだったり、ミクシーだったり、フェイスブックだったりするわけですが、結局、人は自分のチャンネルの中でしか動かないということもあるので、そこに対して入り込むこともあればいいとは思うんです。

へんな話、デモに参加したらポイントがつくとか。そんなレベルからでも何か考えてみたらどうかと思いますね。

西村　私もまわりとこの活動について話をすることはないですね。

石野　僕はツイッターやフェイスブックで、この活動の話はどんどん書いてはいるので、まわりはみんな僕が何をやっているかは知っています。でも、直接僕には何も言ってきません。

「あいつ、大丈夫?」とか言われているみたいです。「大丈夫?」というのは、とても大変なことをやっているみたいだけど大丈夫か、という意味で、心配はしてくれているみたいですね。

だけど、そのことを僕とは直接話さないですよね。それは、今の社会がオープンでないことを示しているんだろうと思います。話したくないわけではないんだけど、話すことが「普通」にはならないんですよね。

西村　社会運動をやっているような知人からは、「西村は極左になってしまった」と言われることもあります。「社会運動＝極左か右翼」という見方を世の中はまだまだしがちなのかなと思いますね。

やっぱり市民がやっている、普通の人がやっていることであって、特殊なことではないんだよということが、もっと世の中に共有されてしかるべきかな、と思います。

そういう意味では、やっぱりイメージ戦略は大事だと思います。告知の宣伝物をつくるにしても、デザイン的に洗練されているか、かっこいいと思えるとか、そういうのも大事だと思っていて。

自分たちの主張を長々と長文で書いて誰か読んでくれるかというと、そうでもない。言葉で簡潔に伝えるための工夫も必要だと思いますし、白黒でただ文字だけが並んでいるのではなくて、ぱっと目に入って人が手に取りやすいものをつくるとか、そういう工夫も必要だと思います。

個人の趣味嗜好なので、どう思うかは人それぞれなんでしょうけれど、「しばき隊」にはフードを被った一見するとチーマーみたいな人がいて、私は「これ、かっこいい、おもしろい」と思って現場を見に行った面もあるので、そういうのも大事だよなと。

かっこいい人たちがかっこよくやってるんだ、みたいに見えるのも。

石野　それがきっかけにはなるだろうね。

西村　主義主張と、かっこいい／かっこ悪いというのは直接には関係ないと思うんですが、常に社会に見られていることを意識していきたいな、と。そこは重要だと思いますね。自分たちがやっていることを自分たちで管理するっていうのはそういうことだと思うので。

――選挙が盛り上がらないことについてどう思いますか？

石野　投票率が低いのは若い世代でしょ。訓練されていないいんじゃないかな、みんなで決めるということを。

投票して代表を選んで、政治を決めるという経験がないから、選挙に何も期待していない人が多いんじゃないかな。

僕のまわりは選挙に行く人が多いから、わからないな。

西村　3・11以後の市民運動と選挙との違いは、選挙はシングル・イッシューでは成り立たない、ということではないでしょうか。

そういう意味では、自分の考えていること、自分が理想とする社会を100％実現してくれる政党があるかといえば、それはたぶんない。この政党のここはいいけど、

が。

あれはダメみたいな。

100点の政党がないから選挙に行かないというのは、それは違うとは思うのですが。

石野 最近、ウェブでマッチングボードってあるでしょ？ あなたに合った候補者はこの人です、って。

結局、政治家ってそういうふうに選ばれる人だと思われているんじゃないかな。

与えられるものを受け入れちゃう、自分の頭で考えない、それがいちばん大きい問題のような気がするけど。

西村 デモにしても、街宣にしても、目的があっての直接行動なのですが、それも現行の選挙という間接民主主義のなかの一つだと、私は思っています。

デモや街宣をする市民運動を通じて、新聞とかニュースを見ているだけではわからない社会問題が存在することが可視化されて、広く社会に浸透すると。そうなれば、次の選挙にも影響するでしょうし。

つまり、代表者を選ぶという意味での選挙を否定するつもりはまったくないんですが、選挙を通じて選ばれた政治家を市民運動が動かしていくぐらいに、市民運動というものがなっていけば、また違ってくるのかな、という気もしています。

選挙って本来もっとハードルが低いものですから、気軽に行けばいいじゃないかって、私は思うんですけど。

投票率が低いことに関して言うと、自分の一票を通じて世の中が変わったとか、自分の生活が劇的に改変されたとか、そういうわかりやすい成功体験みたいなものがない、ということもあると思います。

自分の入れた一票に何の意味も感じられず、次は選挙には行かない、みたいに終わってしまう。それで投票率が下がってしまう、ということだと思うんですけれど。入れた一票にどんな意味があったのかということをフォローする言論が、もっとあってもいいんじゃないかなと。

たとえば、宇都宮けんじさんは当選はしなかったけれど、2位だった。細川護熙さんという知名度の高い人よりも上だった、投票率も得票率も前回よりも上回ったと。そういう意味づけをする言論があればもっと違うのかなと。

――先の都知事選のときのアンケート[※]**に回答しなかった人が当選したことについては？**

石野　（「差別の唱導を禁止するべき」とアンケートに回答した）宇都宮さんが2位だったということが、舛添新都知事に対する抑止力になれば、また違うと思いますね。

結果的に「負けちゃったね」で終わる。選挙はそういうものなんだけど。それが次につながるものにしていくことも必要だとは思いますね。

マスコミがきちんと追跡してくれればいいんだけど。

西村　まずはひとつひとつの問題をそれぞれの運動が追及していって、それらをつなげていくしかないんでしょうね。

西村　衆院選、参院選、都知事選があったわけですが、決してそれはばらばらに起きたわけでなく、その場その場のことではなく、こうしたつながりをもっているんだということをもっと可視化できれば、その日入れた一票は、結果的には自分の支持する候補者を当選に導くことはできなかったけれど、それは先につながるものなんだという動機づけができれば、次も選挙に行こうという気になる。

実際には、選挙を通じて革命みたいなことは起きようがないと思うんですよ。それは、私は良いことだと思っています。逆に投票の結果で、一気に政体が変わるような、劇的なことが起きる社会って、そんなに安定した社会ではないと思うので。

自分の入れた一票と、自分の置かれた社会の状況、自分の生活というものがまったく無関係ではない、ということを示していく必要はぜったいにありますね。

――社会と切れている人たちを、社会のほうへ押し返すという意味では、ひとつひとつの市民運動が盛り上がって、入り口を示すことが大事になってきますね。

西村　個人があって、政治がある、その中間っていうものが、ずっと日本社会では抜け落ちていたんじゃないかなと思うんです。個人と政治とに接点がないと、ゼロか百かで投票にも行かないということになってしまう。

本来、個人と政治というものをつなぐ社会、中間の媒介となる市民社会があって、市民運動もその接点になるはずなんです。

悪い意味では、在特会も、個人と政治との接点になっている面はあるので、運動の価値判断は絶対に失ってはいけないとは思いますが。

在特会がメール会員を1万数千人まで広げたというのは、それをうまく利用したということだと思うんですよね。

一方で、リベラルのほうに社会を構成する単位としての個人と政治をつなぐ媒介となる受け皿のようなものがあったかと言えば、あったのかもしれないけれど、少なくとも私は知らなかった。

——ある時期までは労働組合がそういう役割を担っていたのではないでしょうか。

西村　私は中小企業の労働組合の議長をやっていましたが、雇用の維持であるとか、賃上げやボーナスといった、政治の中でも経済政策にかかわる部分しか見えませんでしたね。

世の中の多くの人にとって選挙は、景気問題を解決するためのものだけになってしまっているのではないでしょうか。

しかし、私は、投票に行かない若い人が世の中に対して無関心かというと、決してそうではなくて、ただ、どうすればいいのかが単純にわからないだけだと思います。

わからない、じゃあどうすればいいのか、投票に行っても無駄じゃないか、みたいなところで、じゃあ、行かないというか、もっと自分のやりたいこと、余暇、趣味を優先してしまう人たちが多い、ということなんじゃないかなと思っています。

選挙があることはわかっていても、参加する障壁が高すぎるのかもしれないし、極左とか、ああいうのとはかかわりたくない、と思っているのか。

政治的アパシー（無気力・無関心）というものそのものが若い人たちにどれほど広まっているのかというのは、僕は結構疑問です。10代や20代の人たちが主体となって、安倍政権反対のデモが行われたりもしているわけですし。

石野　反原発運動、反差別運動にしても受け皿のひとつでしょうし、ほかにもいろいろと出てくるでしょう。

市民運動が必ずしも連携する必要はないんだけれど、お互いがそれぞれ元気にやっていくことで、外側にいる人たちの意識もいずれ変えていくことにはなるでしょう。

（２０１４年４月　東京・有楽町の喫茶店にて）

※
【2014東京都都知事選：東京都で起きている人種差別デモ、ヘイトスピーチ・デモへの対応、対策についてのアンケート】

1　ヘイトスピーチ・デモ等の差別問題への対策には、知事のリーダーシップが必要だと思いますか？　【はい・いいえのどちらかを○で囲んで回答】

2　ヘイトスピーチ・デモ等の差別問題への対策にあたって、都として独自の実態調査が必要だと思いますか？　【はい・いいえのどちらかを○で囲んで回答】

3　ヘイトスピーチ・デモ等の差別問題に対し、条例による直接的な規制に限らず、従来施策の枠を超えた「新たな取り組み」を検討していくべきと思いますか？　【はい・いいえのどちらかを○で囲んで回答】

4　都として「差別をゆるさない東京」の姿勢を示すために、都職員の服務規程等の内規に差別禁止規定を盛り込むことを検討すべきと思いますか？（セクシャル・ハラスメントやストーカー行為に準じた規定）　【はい・いいえのどちらかを○で囲んで回答】

5　上記１から４の回答への補足、その他差別問題に対するお考えがあれば、ご自由にお書き下さい。

認可保育園をふやして待機児ゼロに!

保育所つくってネットワーク◎斉藤真里子

【プロフィール】

1975年生まれ。千葉県出身。「保育所つくってネットワーク」代表。都内で正社員として働きつつ、第一子の出産を機に公的保育をめぐる問題で活動を続けている。

【保育所つくってネットワーク】

いわゆる待機児童をもつ足立区在住の親たちが集まり2011年3月に発足。認可保育園の増設等を求め活動している。

この状況をほうっておけない!

2010年8月に初めての子どもが生まれて、7カ月で職場に復帰しました。出産後に職場に復帰するときに、仕事と子育てだけでも不安が多いですし、誰だって社会的な活動をはじめようなんて思わないとは思います。「よくやるね」と言われることも多いです。

それでも「やろう」と思えたのは、待機児童問題を「ほうっておけない」と考えていた人が私一人ではなく、ほかにもいたからです。

育児休業中のとき、まだ子どもが認可保育園*に入れるかどうかの結果が出る前ですが、区議会を傍聴に行きました。認可保育園には入りにくいと聞いてはいたのですが、実際どうなっているのか知りたかったのと、「育児休業中にしかできないことをやっておきたい」という思いがあったので。

たまたま知り合いになった保育士さんから「傍聴に行ってみない？」と声をかけられたんです。

認可保育園の増設を求める陳情についての審議でしたが、「議会ってこんなにひどいものなのか」と思いました。質問は一部の議員さんだけ。ほかの議員さんたちは「シーン」って感じで。「やる気がないんだな」と感じました。

「密室でやっている会議ってこんなもんなんだ」と思いましたね。他人の目がないと、こんなふうにして進んでしまっているんだな、と。

傍聴でほかのお母さんたちと仲良くなって、「ひどいね」と話しました。

＊「認可保育所」：国が定めた設置基準をクリアして都道府県知事に認可された施設。児童福祉法にもとづく。公的資金援助があるので保育料は応能負担で比較的安い。

「認証保育所」：東京都独自の制度。国の基準より多少緩和された保育基準を設定。都と区が補助。保育料は一律で割高になるケースが多い。

「認可外保育施設」：国の認可を受けていない保育施設のこと。認証保育所や小規模保育室なども含まれる。

傍聴をした直後の２０１１年2月に、私の子どもは認可保育園には入れないという通知が区から届きました。私は正社員でフルタイムの仕事をしていて、同じような条件で前年に認可保育園に子どもを入れられたお母さんもいたので、「入れるんじゃない」と言われていました。でも入れなかった。

その年、うちと同じように認可保育園に入れなかった子どもは、足立区内で千人を超えていたんです。でも、その時点で足立区の認可保育園の増設計画はゼロ。

それで「どういうことなんだろう」「ちゃんとつくってほしい」と思って、ほかのお母さんたちと、「じゃあ、やろう」という話になったんです。

陳情・懇談・アンケート・シンポジウム

２０１１年3月、震災の直前でしたが、会を立ち上げ、まず認可保育園の増設を求める署名を区内で集めました。6月には区議会に私たちでつくった陳情書を提出しました。並行して足立区の担当課と区議会の子ども施策委員会の議員さんたちと懇談を2回ずつもちました（無所属の議員さんとは1回）。メンバーはみんな働いているので、懇談の時間は夕方の5時過ぎにお願いをして。

活動をはじめてから、国が進める新制度*のことを知りました。翌年には新制度が国会で審議されるだろう、そのころには保育が話題になるだろう、そのタイミングでメディアに情報発信できるかも、と考えました。

それで、シンポジウムをやろう、同時に、アンケートで困っている親たちの声を拾ってメディアに発信しよう、と、２０１１年10月から子育て世帯が多そうなマンションに、アンケートをポスティングしました。

経費はかかりますが、私書箱をつくって、そこに返送してもらうようにしました。

＊「新制度」：２０１２年８月に成立した「子ども・子育て支援関連３法」。公費支給の対象を事業者から利用者に変え、認定こども園や小規模保育の拡充をねらう。

アンケートは５千件くらいポスティングして、１６４人から回答があり、うち１３７人が就学前の子どもをもつ世帯でした。回答者は９割が母親で、７割が30歳代。

やってみてわかったのは、小さい子どもの育児に追われている人でも、目の前にアンケート用紙があれば、書こうと思う人が結構多い。その点、ネットアンケートではなく、紙にしたのは正解でした。

回答には、認可保育園に入るのにとても苦労すること、認可保育園に入れずに認証保育所に預けている場合でも、認可保育園に入れるまで〝保活〟はずっと続くこと、兄弟で認可外に通わせるのは経済的にとても厳しいということ、それなのに、パート勤めの人は認可保育園に入れる確率が低いという逆転現象がある、といった声が多かったですね。

都と厚生労働省の記者クラブにもアンケートの回答を配布すると、以後、親たちの声が新聞にも載るようになりました。

12月のシンポジウムには、150人くらいが区内から集まり、ジャーナリストの猪熊弘子さんに国で審議中だった新制度について話してもらいました。

アンケート回答者からは、シンポジウムに参加してくれる人、区との懇談で自分のことを話してくれる人も現れて、当事者間のネットワークづくりにも役立ちました。

区議会の各会派と足立区の担当課へはアンケート結果をお渡しし、これだけの声が集まっています、と伝えました。

その直後の2012年1月20日の区議会で、初めて区が認可保育園を3つ増設すると発表してくれました。そのとき傍聴席にいたお母さんたちは、静かに「ガッツポーズ」。

2011年3月に私たちが運動をはじめて以降、足立区内では8つの認可保育園の増設が決まっています。

区は消極的だった

最初の区との懇談には、私たちは親8人と子どもたちも連れて参加しました。そのときは、区は認可保育園をつくらない理由ばかりを挙げているように聞こえました。「足立区の待機児童は、区内の特定の地域に集中しているのではなく、あまねく存在しているので、特定の地域にはつくれない」とか。

でも実際には、マンション群が集中する地域は、圧倒的に足りませんでした。北千住地域では、２０１２年時の３歳児枠が、募集時に2名分しかなく、「これでは3歳児の行き先がないじゃないか」と認証保育園の保育士さんが区に連絡を入れたことが議会で報告されていました。さすがにこれでは違法状態じゃないか、という声が上がるほどでした。

2回目の12年1月の懇談では、私たちは大人12人くらいで、区の担当者は前回と同じ方たち。

このときは、収入が少ないので認可外の保育園には子どもを入れられない、と涙ながらに話されるお母さんもいて、区の担当者も言葉に詰まったり。それでも、区の担当者の方が「みなさん、本当に一馬力ではやっていけないんですか」、つまり「夫の稼ぎだけではやっていけないんですか」と聞いてきて、それにお母さんたちが「そんな悠長な状況ではないんです」と反論して、区も神妙になる場面もあったり。

「『区長さんに直接話をさせてほしい』とお願いしても聞いてもらえないので、区長さんには、私たちの声はマスメディアを通して聞いてもらうしかありません」と伝えたりもしました。

区議と懇談

自民党や公明党の議員さんたちも、私たちの話を真摯に聞いてはくれましたが、答えは区と同じでした。

民主党の議員さんは、「自分も子どもがいるので、気持ちはよくわかる」と言いながら、「でも、共産党の言っていることと同じことには賛成できない」と。

当時区議会では、認可保育園の増設を訴えているのは日本共産党だけでした。私たちが認可保育園の増設を訴えていると、「あなたたちは共産党ですか」と言われることがあります。横でそれを聞いて、ひいてしまう人もいます。私たちは「これに立ち向かっていかないといけない」、「そういうことじゃないよね」と話しています。

「認可保育園に子どもを入れたい」というのは純粋な親のニーズであり、政党のことなどまったく関係ありません。政党間の話にすり替えず、どの政党の方であれ、この親のニーズに目を向けてくれたらいいのだと思います。

たぶん今までも、これをのりこえられなかった人たちがいたと思います。「あの人たちは共産党だろ」と言われると、それ以上進めなくなって。だから、共産党うんぬんではなくて、「私たちにはこういう困っていることがあるんだ」ということを伝えていきたいよね、とみんなで確認しました。

勇気をふるって区議に電話

勇気を振りしぼって区議会議員さんに電話をしたお母さんたちもいました。若いお母さんからの電話は、議員さんにはかなりのプレッシャーになったと思います。

ほかにも、私たちと同時期に区と懇談した親ごさんたちのグループもありましたから、そうした親たちの動きが重なって、区も動いたということだと思います。

保育士さんたちは「親の力はすごい」と言います。それまでは、保育士さんがいくら言っても区は、自分たちの仕事のために言っているんだろう、というふうにとられて、なかなか取り合ってもらえなかったそうです。

私たちは区と2回懇談しましたが、それも保育士さんの場合にはなかなか実現することがなく、親だからこそ、区も懇談を受けざるを得なかったんじゃないか、と聞きました。

区議会も、私たちが最初に傍聴した時には、シーンとしてやる気がなさそうでしたが、お母さんたちが赤ちゃんを抱えて傍聴席にずらっと並ぶようになったら、それまで発言しなかった議員さんたちも発言しはじめたので、傍聴もプレッシャーになったと思います。

親自身が動くことには、すごいパワーがあるんだなと感じています。

ツイッターで「拡散」

去年と今年、杉並区で「異議申し立て」がありました。

杉並のお母さんからは「足立区のお母さんたちに続きます」とメールをもらっていました。私たちのブログなどを見てくれていたみたいです。

実際、杉並区は認可保育園に入れない子どもが、申し込み者の3分の2を超えていたので、足立区よりもよっぽど状況はひどかったんです。

足立区内でも、私たちのブログを見て、２０１２年8月からまた新たに区議会の傍聴に来てくれる育児休業中のお母さんたちが現れていました。翌年の春には、杉並に続いて自分たちも「異議申し立て*」をやろうと立ち上がってくれました。

杉並区、足立区のあと、大田区や渋谷区、さいたま市にもこの動きは広がりました。

ツイッター上やメディアの報道を各地で見たお母さんたちが、「自分たちも」と、どんどん広がっていったんです。ツイッターで「異議申し立てやります」「拡散希望」と流すと、別の地域でも拡散してくれて、それでどんどん広がって。

ひと昔前だったら、足立区と杉並区では接点はもてなかったと思います。地域を越えてのつながりができたという意味では、ＳＮＳ（ソーシャル・ネットワーキング・サービスの略。ツイッターやフェイスブックなどのこと）の力はとても大きかったと思います。

＊「異議申し立て」：認可保育所に入所申請をしたが、区など行政から「入所不承諾」とされた親たちが、「行政不服審査法」にもとづき、不服を申し立てた。

選挙では候補者は良いことしか言わない

運動を立ち上げてすぐの２０１１年6月に、足立区では区議選と区長選がありました。このとき、現職の区長さんと対立候補の方、それぞれに会って話を聞こうとしたのですが、区長さんには断られました。

対立候補の方は、自治体が責任をもって公的に保育を支援していく必要がある、と話してくれました。私たちにはとてもわかりやすく、納得もしたので、実はこの方を区長選で応援しました。

でも選挙の後、もっと大勢の人に保育の問題を提示していくには、最初から私たちが答えをもっていないほうがいいだろう、と考え直しました。

それで、2013年の都議選、参院選、2014年の都知事選の3回、杉並区などのほかの地域との共同で、候補者に公開質問状※をお願いするようになりました。

私たちは、選挙での公開質問状には2つの意味があると考えていました。

ひとつは候補者それぞれの解答を知らせて、候補者選びの判断材料にしてもらう、ということ。

2つ目は、「私たちはこういう思いで保育の施策を見ています」ということを、ほかの有権者の人たちにもお知らせしつつ、候補者の方には、親が何を望んでいるのかを伝える、そして、少しでもそれに近い政策を掲げてもらう、ということです。

選挙になると、候補者は良いことしか言いません。「子育て支援しっかりやります」とは言っても、「認可保育園はつくりません」とはだれも言いません。だから、こちらで質問をつくって回答をもらわないと、候補者の本当の考えはわからないんです。

都知事選で当選した舛添さんの回答には「認可保育園」という言葉が入っていました。ただ、「鉄道の高架下につくれば」というひどい発言もありましたが。

とにかく「認可外でなく認可保育園をつくってください」という私たちのメッセージは伝わって、舛添さんから言質をとれました。そう答えてもらった限りはちゃんとやってもらおうという思いで見ています。

日常から政治へつなげる

でも投票率は低いですね。それは、政治のことを身近にとらえられない人が多いからでは、と思います。

とくに私たち30代前後の世代は、子どものころはまだ経済もよくて、親たちも平和に豊かに暮らしてきて、あまり政治のことを考えずにすんできたと思うんです。政治離れが普通になって、私たちも政治のことを身近に考えられなくなって、今まで来てしまっている。

それぞれが関心やかかわりをもったこと、私の場合は保育だったのですが、そうしたことから、政治につなげていく、ということだろうと思います。

一人ではできなかった

私は1975年1月生まれ。39歳です。小さい頃からおとなしく目立たないほうでしたから、学生のころの友人が今の私を見たら、びっくりすると思います（笑）。

でも、内閣府の規制改革会議などで言われているような「競争原理」を、子どもの命と健やかな成長を預かる保育に導入することは「おかしい」と、当たり前に思う気持ちがあるんです。競争になれば保育に格差が生じ、生まれたばかりの子が不平等な環境におかれてしまう。どの子も等しく、よい保育が保障されるべきじゃないか。何もしなかったら、「これ、このまま?」って。

自分は「おかしい」と思っていて、逆に「こうすればいいじゃないか」という思いがある。そこまでわかっていて思いもあるなら、「自分がやればいいのか」「やるしかないでしょ」みたいな。

集会やシンポジウムなど、大勢の前で話をする機会も増えました。表に立つことに対して恥ずかしい気持ちもありますが、事態の大きさに、「自分の恥ずかしさにかまっているような場合じゃない」という感じです。

一人では何もできなかったと思いますが、同じように熱い思いをもったお母さんたちがいたから、活動を進めることができました。

政治って、難しいとか、敷居が高い、といったイメージだと思うんですが、私たちは、難しい内容ではなくて「こんなふうに困っている」と実情を訴えているだけです。

自分が困っていることを伝えればいい

ブログやツイッターを通じて、活動報告や親たちの声、制度のことなど情報発信し、まだつながっていない人には「あなたの声が必要です」と呼びかけて、実際につながった人たちとは有機的なつながりをつくりながらやっています。

でも、この活動が特殊な目で見られないようなアイデアも考えていきたいよね、とは話しています。たとえばデモも、若者が参加しやすいスタイリッシュなものに変えられないかとか、運動がかっこよく、楽しく発信できるといいよね、と。

区に何か言うとなると、必要以上に難しく考えて、「自分にはできない」と敬遠しがちなので、常に敷居を低くすることを確認しあいながらやっていきたいです。

今回、「異議申し立て」で声を上げてくれた人たちも、最初は懇談で「何を話していいのかわからない」と緊張したり、構えている人が多かったのですが、みんな終わっ

保活セミナー（2013年11月）

浴衣で署名集め（2011年秋）

たあとには、「自分のことを話せばいいんだね」「難しいことを話すわけではないんだね」と言います。「最初は抵抗があったけど、やってよかった」「やれるんだ、ということが自分の中で新鮮でした」といった感想もありました。

つながって一歩踏み出してみれば「自分も力になれる」「普通の母親でもここまでやっていいんだ」と思う人も多いです。

民間任せで区の役割は？

私が住んでいる地域にはマンションが7、8棟建っていますが、開発と同時に建てられた認可保育園はひとつしかなく、激戦地域になっています。

マンションが建っているのは民間の大きな工場跡地で、区も開発に加わっていました。そもそもファミリー向けのマンションをそれだけ建てるのであれば、セットで需要に見合うだけの認可保育園をつくる発想があれば、スペースは確保できていたはずです。そうしなかったのは、「区は保育にお金を使いたくなくて、保育よりもマンション開発を優先しているんじゃないか」と言われてもしかたがないと思います。

自治体も民間と同じように経営的視点をもつのがはやりのようですが、今の自治体はそっちを意識しすぎて、本来の行政の役割が果たされていないように感じます。

たとえば、私の子どもが通っている認可保育園には庭がありません。でも隣の土地が空いています。区は、「民間業者にお願いしているなかでは、庭の土地までを買う力のある民間業者はなかなかいないのが現状です」と言います。「民間任せにしているからそうなるんじゃないか」「民間でできないところをやるのが区の役割なんじゃないですか」と私たちは伝えてきたのですが。

競争の導入で保育の質が上がる？

認可保育園は、児童福祉法の第24条1項、* 保育に欠ける子どもには、市町村が保育をしなくてはならない、とした法律のもとにあるものです。

本来なら保育園に入りたいという子どもがいれば、その子ども達は全員、保育園に入れるようにしなければならない、その責任が市町村にあると定めた法律でした。

しかし、来年施行される新制度では、児童福祉法第24条が見直されて、自治体の「保育実施義務」がどのように果たされるのか、あいまいになります。**

国の内閣府の規制改革会議では、保育や介護分野に企業を参入させ、競争を導入することで質を上げていけばいい、という議論もされています。つまり、国や自治体の代わりに民間に任せ、保育を市場化、産業化しようとしています。

私たちは去年、規制改革会議に意見書を出して、保育士配置や面積の基準引き下げは望んでいないことを伝えました。「競争」を導入すれば、子どもの保育の環境に格差が生じてしまいます。

お金がない家の子どもはそれなりの保育しか受けられず、時には子どもが命を落とすこともあるなんていう状況を、社会が許してしまっていてはいけないと思います。

悪い保育園が出てきても、それは淘汰されるから大丈夫、という意見もありますが、淘汰されるときには、同時にそこで巻き込まれる子どもたちが必ずいるんです。

だからこそ、保育は公的に支えて、どんな家庭条件の子どもでも健康に育つという最低の保障は守られるべきです。それが「機会の平等」ではないですか？　生まれた直後から、子どもが不平等の社会に放り出されること自体がかわいそうです。

そういう思いがあるから、まだこの運動を続けています。

来年から新制度の施行になり、秋から申請の方法も変わります。これから、新制度について広く知ってもらう活動をやっていきます。

＊「児童福祉法24条1項」（改正前）：「市町村は、政令で定める基準に従い条例で定めるところにより、保護者の労働又は疾病等の事由により、その監護すべき乳児、幼児又は第39条第2項に規定する児童の保育に欠けるところがあると認めるときは、それらの児童を保育所に入所させて保育する措置を採らなければならない。」

＊＊「児童福祉法24条1項」は、２０１４年6月25日に改正された。「保護者から申込みがあったときは」という文言が挿入され、さらに「ただし、保育に対する需要の増大、児童の数の減少等やむを得ない事由

があるときは、家庭的保育事業による保育を行うことその他の適切な保護をしなければならない」とのただし書きが加えられ、自治体の保育実施義務とその保育内容が緩和されることになった。

ここは何でも話していい場所

子育てって結構大変なので、もんもんとしているお母さんたちも多いです。少数かもしれないけど、いわゆる「ママ・トーク」「ガールズ・トーク」に物足りなさを感じている人もいて、そういう人が私たちとつながると、「これはどういうこと？」とか話しはじめて、「ここでは何でも話していいんだ」となります。

私もそうなんですけど、ここが何でも話していい場だと思えると、活動することも楽しくなってきます。

５月にはピクニック・ランチ交流会をしました。６月以降は月１回くらいで茶話会を開いて、新制度を広く知らせる活動をしていきます。

子どもも一緒に、子ども同士で遊ばせたりしながら、自分たちも交流や活動を楽しんでいく、というスタイルでやっていこうと思っています。

今年もやっているよ、と呼びかけると、新たな当事者が現れて、それがまた力になるという感じです。

動く、つながる、楽しい

大変は大変ですが、楽しいし、やりがいがあると感じています。それが続けているモチベーションになっています。

「世の中どこかおかしいな」と、もんもんとすることはたくさんあるけど、保育については区や議員さんと話をして、少しずつですが、状況も変わってきました。これは今までの自分の人生にはなかったことです。動くことでいろいろな人と知り合うこともできたし、世の中が動いた、それがとても楽しいです。

あるお母さんは、自分のパート勤めの仕事は、生活のためにこなすものだけど、この運動は、お金はもらえないけど、充実感がある、って言ってくれました。

私自身も、自分の人生においての充実感をこの活動からたくさん感じています。

今は一般的に会社の中ではモノが言いにくかったり、ストレスが多く、やりがいを感じにくい世の中になってしまっているからこそ、お金がもらえなくても、こういった「世直し」みたいなことに、生きがいややりがいを感じられるという面もあるかなと思います。

運動が、楽しいということをもっと知ってもらえればと思います。

（２０１４年４月　東京・溜池山王の喫茶店にて）

※
【待機児童対策についての公開質問状――2014年東京都知事選】


時下ますますご清栄のこととお喜び申し上げます。

このたびは突然のお便りにて失礼いたします。私たちは、待機児童の解消を願い、都内各地で声をあげた親たちの団体です。東京都知事選挙に立候補される方々に、どのような待機児童解消策をお持ちなのか、ぜひアンケートをさせていただきたく、ご連絡さしあげました。

昨年春、私たちは都内各地で、認可保育所への入園不承諾をうけて、集団で異議申し立てをおこないました。いま働く女性がふえて保育需要は年々高まり、厳しい「保活」を前にして、多くの親が振り回されています。もうすぐ認可保育所の入園申請の結果が出される時期であり、よりよい保育施策への願いがいっそう強まっています。

政府はこの間、待機児童解消をかかげ、小規模保育室の保育士（有資格者）の配置の割合を緩和し、その増設をすすめる施策を打ち出しました。小規模保育など認可外施設を利用する親も少なくありませんが、専門知識をもたない人が半数にふえることに、事故が多い０～２歳を預けて大丈夫なのか、子どもたちの発達を保障できるのか、との不安も広がっています。

こうした動きもふまえ、東京都としてどのような具体策をとっていただけるのか、私たちは強い関心をもっております。つきましては、以下の質問にお答えをいただきますようお願い申し上げます。ご回答は、ホームページやＳＮＳなどで都内全域の子育て世代や若者に知らせ、マスコミなどにも紹介させていただきます。ご回答は、メールで、以下のアドレスまでお寄せください。よろしくお願いいたします。


【質問内容】
（１）認可保育所の増設について、東京都としてどのように支援しようとお考えですか。
（２）小規模保育室について、国が保育士（有資格者）の配置の割合を緩和したことに対し、どのようにお考えですか。
（３）待機児童対策で、東京都としてどのようなことができるとお考えですか。財源なども含めお答えください。

（以下の７グループの連名で）こがねいで子育て隊（小金井）、中野区の待機児童を減らす会、保育園ふやしたい＠大田区、保育園ふやし隊＠杉並、保育園増やして＠渋谷の会、保育所つくってネットワーク（足立）、目黒区より良い保育環境を求める保護者の会。

市民の意見を聞いて、施策に反映してほしい!

小平都市計画道路に住民の意思を反映させる会◎水口和恵

【プロフィール】

1962年東京都生まれ。

【小平都市計画道路に住民の意思を反映させる会】

小平市内の都市計画道路の建設計画に対して、市民の声を反映し、計画の見直しの必要性を問う住民投票の実行を求めて2012年10月に発足。13年5月26日に住民投票が実施されるも、投票率が50%の成立要件に満たず、不成立とされた。

署名提出、都と市は反応なし

「都道小平3・2・8号線計画」とは、府中から所沢までを通る四車線道路の建設計画のことです。既存の府中街道に並行して、新たに大変広い道路をつくるという計画です。東京都が1962年に計画決定したもので、小平市内を通る道路の長さは1・4キロ、四車線と歩道、植樹帯などをあわせて幅32〜36メートル、事業費は約200億円。費用の8割は用地買収の費用と言われています。中央公園に隣接するこの雑木林の半分が道路になります。

こんな広い道路ができると、二つの道路に挟まれた住宅地の環境汚染が心配ですし、また、3・2・8号線は玉川上水と交差する計画ですので、上水に沿って続く緑道の景観は一変します。玉川上水と雑木林で、あわせて481本の木が伐採される予定です。

私たちは2008年4月に「都道小平3・3・8号線計画を考える会」*を設立しました。それ以前には、主に地元の地主さんたちの一部がこの道路計画に反対の声を上げていたところへ、私のような主婦も加わりました。自然観察会や幻燈会など、雑木林や玉川上水周辺でイベントを行う「どんぐりの会」もできました。

最初は、「そういう計画があると聞いたことはあったけど、どうせできないと思っていた」と、道路計画の実態を知らない人が多かったので、まずは、ニュースレターの配布や、計画の根本的見直しを求める署名集めをしました。

累計5979名分＋4団体分の署名を09年2月から3回に分けて東京都と小平市に提出したのですが、都と市からは特に何の反応もありませんでした。

*道路幅を拡げる2012年11月の都市計画決定に伴い、名称が3・3・8号から3・2・8号に変更された。

一方的、形式的な説明会

東京都は府中から道路整備を進め、2010年、いよいよ小平に近づいてきたところで、小平市民に対して説明会を開きました。会場の市民体育館には市民300人ほどがびっしり集まりました。

都は、「ここにこういう道路をつくります、ご協力をお願いします」と30分ほどのビデオを見せて説明したあと、質問は一人一問までと制限をつけて、しかも全員の質問には答えきらずに、時間切れだと打ち切りました。

都は、一応市民からの質問に答えました、という形をつくったにすぎません。

その後、都は環境アセスメント調査を開始します。環境影響評価書案に関する意見を募集したり、「都民の意見を聞く会」を開いたりと、形式的なことはやりました。

しかし、こちらの声を反映した計画の変更は一切なく、「やるべきことはやった」という手続き的なものでした。

それで「この計画について市民で話し合いをさせてほしい」と、請願を小平市議会へ提出しました。請願は全会一致で採択され、小平市は「小平3・2・8号線まちづくりワークショップ」を開きました（2012年4〜5月）。

参加者からは、こういう問題がある、ああいう問題もある、といろいろな意見が出たのですが、市は「これこれの意見が出ました」と出た意見を羅列した報告書をつくって終わりにしました。

ワークショップの参加者はこの計画に問題を感じている人がほとんどで、道路をつくったほうがいいと言う人は一人ぐらい。私としては、市民同士でこの計画について率直に話し合いたかったし、市民はこう考えるという「市民案」のようなものをまとめたい、と考えていたのですが、行政側は、市民に意見を言わせて、それで終わり。行政は、「反対している人はいるでしょう。でもそれは一部の人たちで、私たちはそれ以外の大多数の皆さんが望んでいることを粛々とやっていきます」という態度です。

50年前に計画された道路整備をそのままおし進めて、林を半分つぶし、玉川上水を分断してもいいと、市民が本当にそう考えているのかどうか。そこをはっきりさせたいと思って、住民投票の実現をめざす活動をはじめました。

意見を言えば行政も聞いてくれるものと……

２００８年に活動をはじめたときは、住民投票のことは念頭にありませんでした。最初は、東京都に市民の声を伝えれば、多少は考え直してくれるものと考えていたんです。

都の現行計画では、雑木林の真ん中を道路が通る予定

でも活動をして初めて思い知ったことですが、行政の態度はあまりにかたくなです。都民や市民の声を聞いて、それを施策に反映させようという態度は、都にも小平市にも見られませんでした。

私たちが何を言っても、都は「もう決まったこと」「計画通りに進めます」という態度を繰り返すだけ。

ズラっと並んで、一応、聞いてはくれますが、「いくら言っても無理。変わりません」という感じで、対話になりません。だいぶ慣れましたけど、行政側のあまりにかたくなな態度には、最初驚き、憤りを感じました。

議員に対しては、選挙である程度、民意を反映させることができますが、行政に市民が感じたことを反映してもらうのは、向こうがその気にならないと難しい。

半世紀前の計画が形を変えずに生き残って、そのまま着々と進められていく。それに対して住民が意見を言ってもぜんぜん反映されないという仕組みはおかしい、民主主義だというのなら、もっと住民の声をきちんと聞いてほしい、と思います。

都が作成したこの計画についてのパンフレットがあります。そこには、この道路をつくれば、交通がスムーズになる、防災に役立つ、狭い道路に車が入ってこなくなる、しかも、植樹もするから環境も良くなる、とあります。

実際には、林は半分なくなるし、騒音も排気ガスも出て、環境汚染が進むだろう、といった想定されるデメリットについては何も書いてありません。

環境アセスでは、環境汚染は基準をクリアできる程度です、絶滅危惧種のキンランなど草花は移植します、木はなるべく街路樹に生かします、準絶滅危惧種のヒグラシとかの生き物たちは、半分残る林へ移動するから大丈夫、という結論です。

「本当にそうなの？」と疑問を伝えても、「大丈夫」と、行政がこちらの不安を検証するようなことは一切ありません。

それなら、住民投票をやろう、と。

市民の意思を確認したい

住民投票をするには、まず私たちがつくった住民投票条例案に賛同する有権者の50分の1の署名を一カ月間で集めて市長に提案する必要がありました。私たちの条例案は、この計画に対して「住民参加で計画を見直す」べきと思うか、「計画の見直しは必要ない」か、のどちらかへ投票するという内容でした。

一カ月で3000名の署名が必要だったところ、二倍以上の7593名の署名が集まりました。それを小平市に提出し、市長から市議会に、市民からこういう条例案が直接請求されたと提出してもらい、市議会で可決されると、条例が成立して住民投票ができることになります。

当時（2013年2月）の小平市長は、「この道路は東京都がつくるものであって、小平市がうんぬんする問題ではない、住民投票は都の事業の邪魔になるから反対」という内容の意見をつけて、条例案を市議会に提出しました。それでも、13年3月27日、住民投票条例案は可決されました（賛成13、反対8、退席6）。

住民投票条例の成立はとてもうれしかったのですが、小林正則市長は同年4月7日の市長選で三選を果たすと、臨時市議会で「住民投票は投票率50％に届かなければ不成立とする」という内容の改正条例を提出して、それが可決されてしまいました。

50％の成立要件は妥当か

投票日は4月16日の条例公布の段階ですでに5月26日に決まっていたので、私たちはとにかく投票率を上げようと努力しました。「投票に行きましょう」というチラシは7万部刷って市内全戸配布を目指しました。手分けして全戸に手配りです。

小平市は、人口約18万、有権者は約15万人。結局、投票した人は5万1010人。投票率は35・17％で住民投票は不成立とされて、開票もされていません。

一見、投票率50％の成立要件は、正当なものに聞こえるかもしれません。しかし、小平市では、市議会選挙や市長選といった市レベルの選挙での投票率は、99年に市議選で50％を超えて以降、14年余りに7回行われたうち50％を超えたものはありません。そういう状況で投票率50％を課すのが本当に妥当なのかどうか。住民の声を聞きたくないからハードルを設けたのでは、と疑ってしまいます。

住民投票の呼びかけをしていると、「投票率50％はどうせ無理」「50％に届くはずがないから無駄なことはしない」といった市民の反応が結構ありました。

つまり、小平市が成立要件を設けたことによって、市民の投票を控えさせる、という効果は確実にあったんです。

900万円の差

先日発表があったのですが、住民投票にかかった費用は約3000万円。住民投票の直前にあった市長選での費用は3900万円。投票率はどちらも似たりよったりでしたが、900万円の差があります。

住民投票条例には、市は「中立性を保持」して情報提供をすること、という文言が入り、市議会でも「投票率を上げるように行政としても努力します」といった発言はありましたが、実際はポスターを100枚つくった程度。鷹の台駅と市役所には貼ってありましたが、ほかではほとんど見かけませんでした。

のぼり旗も期日前投票の会場だった健康センターの前にはありましたが、ほかでは見なかったし、住民投票では「○月○日は投票へ行きましょう」といった垂れ幕が市庁舎にかかることもありませんでした。

市報の「住民投票特集号」は東京都の主張をそのまま載せ、私たちの主張は全体のごく一部。とても公平とは言えないものでした。公平性確保のため、印刷前に中身を見せてくださいとお願いしたのですが、かたくなに拒否されました。

市主催のイベント「グリーン・フェスティバル」の会場で、住民投票を知らせるチラシを配りたいと申し出ると、「あなたたちがつくったチラシはダメ」。では、「住民投票を特集した市報を配らせてほしい」と言うと、それもダメ。市報は会場の入り口に置いておくから、「配る必要はない」と。

市のキャラクターの「ぶるべー」の着ぐるみを貸してほしいとお願いしたら、最初は「どうぞ」ということでしたが、あとになって「やっぱり貸せません」。理由は、「中立でない」から。

私たちは「投票に行きましょう」と訴えたいだけなのに、行政は、「行政に逆らう活動」ととらえたようです。

小平市における選挙投票率の推移

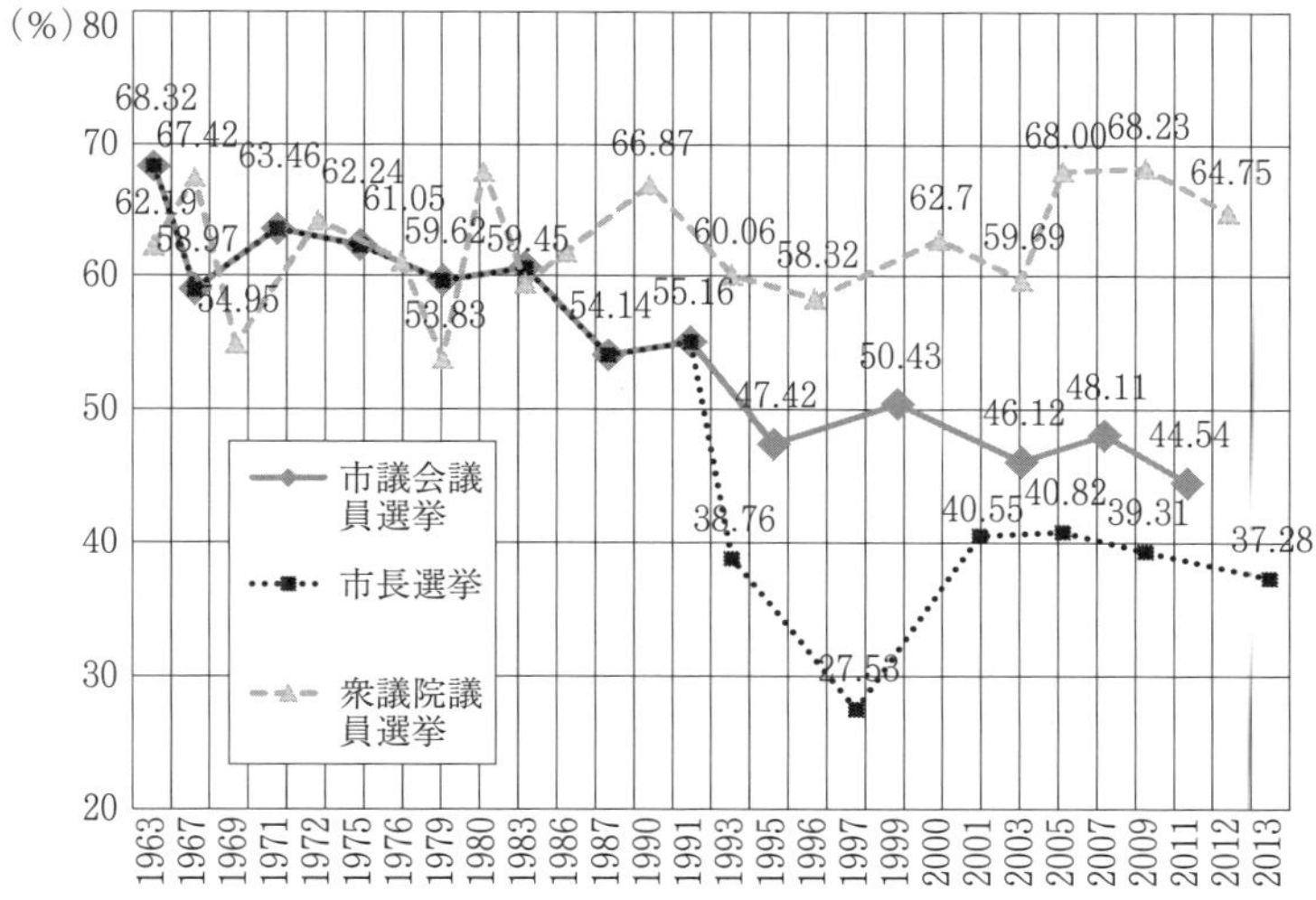

小平市 HP のデータより作成

私たちの会では、住民投票での投票率のアップのために市内を回りました。二人もしくは三人一組で、自転車にスピーカーを積み、一人が自転車を押して、一人がマイクをもって「5月26日に住民投票があります、投票に行きましょう」と呼びかけ、もう一人がチラシを配るという形で。

ただ、平日の昼間の街中では人はほとんど見かけません。たまに、二階から手を振ってくれる人もいましたが。

明らかに市としては、住民投票をやりたくない、投票しなくてもよいという態度でした。住民投票に消極的な市の態度は、市民の意識にも大きく影響したと思います。

情報公開請求しても、出ないものもある

住民投票に対する小平市の態度を明らかにしようと、情報公開制度を使いました。情報公開制度は、行政が持っている情報はすべて対象となるので、市民運動には有効ですが、行政が「ない」と言えば、公開されません。

今回の道路計画は東京都の計画なので、小平市に対して都から、住民投票の件で圧力があったのではないかと言われています。50％の成立要件をつけたのも、小平市が東京都とやりとりをするなかで出てきた可能性もあると考えて、小平市と東京都の担当部局間での電話とメールのやり取りの記録を情報公開請求しました。

結果は「ない」という返事でした。ないわけないと思うのですが……。

投票率を上げるには

こういう経験があり、投票率の低下傾向には関心をもっています。選挙は民主主義の基本。投票に行かなければ間接民主主義も機能しない。これは何とかしないといけないと思います。

統計を見ると、投票率は全国的に見ても明らかに下がっています。地方選でも、国

政レベルでも。１９８０年代と比べても、全体的に下がっているし、これは世界的な傾向でもあります。

あきらめている住民も結構います。「どうせできちゃうでしょ、道路は」「何やったって無理よ」

道路建設によって林がなくなることについて子どもに聞くと、「道路はいらない」という反応が多いですが、年配の人からは「道路ができるころは自分はどうせ生きていない」と言われることもあります。

市長は住民投票に反対で、「自分が投票に行くかどうかは明らかにできない」「ボイコットも許容できる」と発言していたので、年配の人は市や市長の言うことにわざわざ逆らうような行動はとりにくいのかな、とも思いました。

今回の住民投票では、それまでの地方選挙と比べて、若い人の投票率は高く、逆に60代、70代の投票率は低いという結果でした。若い人は比較的、住民投票に関心をもってくれて、普段の選挙よりも投票行動に結びついていました。

せっかく若い人たちが投票してくれたのだし、せめて投票結果を知りたいと、投票用紙の情報公開を求めて裁判に訴え、今は地裁で審理中です。

日常的に政治にかかわる機会をつくって関心を高めることが必要ですよね。

私には二人の息子がいて、機会があれば政治の話もするようにしています。道路のことよりも、ちゃんと掃除や炊事をやってよね、という感じではありますが。

スウェーデンでは投票率が80％を超えるのが普通で、若い人も投票率は高いそうです（２０１０年スウェーデン国政選挙での投票率は84・6％、24歳以下では79・０％）。選挙のときには、中学や高校へ政党の人が来てそれぞれに主張を展開し、模擬投票をすると聞きました。若者の政治への参画を促すための、若者政策をすすめる省庁もあるそうです。「市民が動けば行政に影響を与えることはできる」と伝えて、市民の意識を変えていく必要がありますね。難しいことだと思いますが。

住民投票は市民の熟議の結果

最近では、埼玉県北本市（２０１3年12月15日）と長野県佐久市（２０１０年11月14日）で住民投票が行われています。北本市は新駅の建設、佐久市は総合文化会館の建設をめぐってのものでしたが、両方とも市長の発案で住民投票が実現されています。

北本市は、市議会は新駅の建設推進、市長さんも賛成の意見だったそうですが、ご自身の考えはいったん置いて、まず市民の考えを聞く必要があると判断されて、住民投票を提案されたそうです。（投票結果は、新駅建設に反対が２万６８０４票、賛成が８３５３票で、建設は中止に。投票率は62・34％）

佐久市では、議会が投票率50％以上という成立要件を設けたのですが、市長みずから投票率アップのための活動をされました。市の主催での住民投票の説明会は21回、建設に賛成・反対の三人ずつを公募しての公開討論会は2回催されました。

それらを通じて市民の意識も高まり、情報も得られ、議論も深まり、結果として投票率は54・87％になりました。（投票結果は、総合文化会館の建設反対が3万1051票、賛成が1万2638票で、建設中止に。）

北本市長も佐久市長も、「市民の声を聞いた上で」という点を強調されていました。そこが小平市とはぜんぜん違います。小平市長は、「市民協同」や「市民参加」を進めるとしきりに言われますが、実際はどうなのでしょうか。

社会学者の宮台真司さんは、住民投票をやることが重要なのではなく、住民投票をきっかけに市民で熟議をする、お互いに意見を交換し、理解しようと努力し、納得して決めていく、そこが大切だと言われていますが、私もそうだと思います。

東京都が事業認可申請を昨年早期の段階でやるだろうと言われていたので、それに間に合わせようと、私たちも短い期間でばたばたと住民投票を進めざるを得なかった面もあります。本当はもっと時間をかけて、この問題について市民同士でじっくり話し合う場をもっと設けられたらよかったと思っています。

公開質問状の回答は判断材料

私たちの会では2008年以降、選挙のたびに候補者に対して道路計画についてのアンケートをとっています。

市議選や都議選では回答率が高いですが、今回の都知事選では、舛添さんの「忙しくて回答できない」をはじめ、全体的にきちんと答えてもらえませんでした。

毎回アンケート結果をまとめたニュースレターを作成するのですが、それを公民館や地域センターに置かせてほしいと頼んでも、行政側からは「ダメ」と言われます。告示後の特定の候補への応援につながるチラシの配布は、認められた政治団体以外はやってはいけない「選挙運動」に当たる、あなたたちはそのような団体ではないから、という理由です。

アンケートの回答を公開するのは、特定の候補を応援するためのものではない、と伝えても、公職選挙法に違反する恐れがあるので、ダメだと言われました。

それが去年、ネット選挙が解禁になり、それまで告示後はアンケート結果を載せたブログの内容を変えてはいけないと言われていたのが、ネット上では告示後も変更オーケー、特定の候補の応援もオーケー、「ご自由にどうぞ」となりました。

ただし、プリントして配ることは相変わらずダメです。告示後のアンケートの配布はやはり公職選挙法違反の可能性があるので、警察に逮捕されるかもしれませんよ、と言われましたね。

告示後は、駅頭での演説もダメ。「選挙について考えよう」と駅前で呼びかけるのもダメ。私たちは、判断材料を提供したいだけなのですが。

告示後こそ、候補者それぞれの詳細な主張を有権者は知りたいはずですが、ものを考えさせないようにしているのでしょうか。

今回は、公開質問状に回答しなかった舛添要一さんが当選してしまいましたが、候補者には、有権者からの質問にはなるべく答えるよう努力してほしいです。

あとは、まだネットにアクセスできない人も多いので、リアルな空間で情報を伝える方法も工夫できるとよいですね。ドイツでは、選挙期間中に各政党が人通りの多いところに大きな傘を広げて、市民と対話できる場を用意するそうです。ただただ候補者の名前を連呼するのとは異なる選挙であってほしいと思います。

現場を知る効果

この道路計画については、まずは現地を見てもらうのがいちばん大切です。住民投票の実施が決まったとき、「住民投票をやることになったので、どんなところなのか見に来た」という人もいました。投票のことを真剣に考えて、実際に林を見にこられた。そういう人もいるんですね。

同じ市内でも、林から離れた市の端に住んでいる人は、どうしても関心が低くなりがちでした。計画地から遠い地域ほど投票率は低く、林の近隣地域は投票率が高い傾向がありました。

同じ市内でも、この林にまで来たことがない人もいます。市の南東部の人にとっては小金井公園のほうが近いし。そのへんが難しかったところでもありますね。

政治参加と幸福度

国の調査で、投票に行かない理由（棄権理由）として一番に挙がっているのが「仕事があったから」、次が「重要な用事」となっています。（『第22回参議院議員通常選挙の実態』、（財）明るい選挙推進協会、２０１１年３月）

これを見ると、忙しくて投票に行けないのかな、社会に余裕がなくなると、政治参加もできないということか、と。社会全体のあり方にも問題があるのかなと思います。

市民の政治参加と幸福度は関連しているようです。ＯＥＣＤによる幸福度の指標のひとつに投票率が上げられています。（『ＯＥＣＤ幸福度白書――より良い暮らし指標：生活向上と社会進歩の国際比較』明石書店、２０１２年）

私自身、活動は楽しいです。もちろん大変ではあるけれど。いろいろ勉強にもなるし、道路問題にはずいぶんくわしくなりました。行政というのはこういうやり方をするんだな、とか、議会はこういうふうに動くんだなとか。活動をしてわかったこともたくさんあります。

投票率は下がっていますが、期日前の投票率は、全国的に高くなってきていますし、投票の方法を工夫することで、忙しい人の一票を生かすことができるはずです。大学や市役所の前に投票所があれば、もっと投票しやすかったという意見もありました。スウェーデンのように郵送でも投票できるようにするとか、工夫する余地はあると思います。

市民の話し合いを行政に反映させたい

今、会ではいろんなワーキンググループに分かれて活動しています。予定地の林でいろんな団体が行うイベントを録画してネットにアップし、多くの人が楽しんでいることを伝えるワーキンググループもあります。

今回の住民投票で、やっと広くこの道路建設の問題を知ってもらえました。不成立とされましたが、まだこれからやれることはあると思っています。

実際に東京都は、今年度から3年間ほどかけて土地を買収し、そのあと建設にとりかかる計画です。まだ建設までは時間があるので、市民の声をもっと盛り上げて、計画に影響を与えることができればと考えています。

絶対に道路をつくるなという意見だけでなく、地下につくったらどうかとか、府中街道のほうをどうにか工夫できないのかとか、いろいろな意見があるんです。

市民としてどうしたらいいと思うか、ということを、もっと話し合いたかったし、これからでも話し合っていきたいという思いがあります。

それから、都市計画を行政だけで決めて行政が進めていくという、そのあり方自体がおかしいと思うので、そうした制度を変える方向の提案もできればと思っています。

つまり、市民に考えさせてほしい、市民の意見を聞いてほしい、そして行政はそれを反映してほしい、ということですね。「ご理解ください」ばかりでなくて。

（２０１４年４月27日・小平市市民総合体育会館にて）

133　市民の意見を聞いて、施策に反映してほしい！

※
【2014年都知事選公開アンケート】

1．2013年５月26日に行われた「東京都の小平都市計画道路３・２・８号府中所沢線計画について住民の意思を問う住民投票」は、投票率50%の成立要件に届かず不成立とされたものの、51,010人の市民が投票に臨みました。
　私たちは、「市民は投票内容を知る権利がある」と主張し、現在法廷で、投票用紙の開示を求めて争っています。投票用紙は開示するべきと思いますか？

（1．開示するべき。2．開示するべきではない。）

2．私たちは、50年前に作られた「小平都市計画道路 3・2・8 号府中所沢線」計画は、現状、また将来予測 にそぐわないものになっていると思っています。
　同路線は、50年前の計画通りに建設すべきと思いますか？　それとも住民参加によりこの計画を見直すべき と思いますか？

（1．50年前の計画通り建設すべき。2．住民参加により計画を見直すべき。）

3．今回の住民投票を通じて、東京都の都市計画道路に、「住民の声が反映されていない」と感じた市民は多かったと思います。環境アセスメントの際に東京都が開く「公聴会」も形骸化しており、ただ意見を聞き置くのみで、住民の意見は計画に反映されません。都民の生活に関わる都市計画道路の建設には、住民投票を義務付けるなど、何らかの形で住民の意思を反映させる必要があると思いますが、いかがでしょうか？
　また、住民の意思を反映させるための方策について、お考えがあればお聞かせください。

（都市計画道路は　1．現状のままでよい。2．住民の意思を反映させる方策が必要。）

未来の有権者が政治とつながるために

――未成年〝模擬〟選挙の意義と課題

模擬選挙推進ネットワーク事務局長◎林 大介

【プロフィール】1976年生まれ。東京都出身。学生時代からNPO活動に携わる。現在、子どもの権利条約ネットワーク事務局長、東洋大学助教。

【模擬選挙推進ネットワーク】 模擬選挙の普及活動のほか、10代のための永田町体感ツアー・政党本部探検など、未成年者に政治に興味・関心を持ってもらえるプログラムを提供。

はじめに――問題意識と目的

選挙のたびに若者の政治離れや低投票率が指摘される。昨年（2013年）7月に投開票された第23回参議院議員選挙の20代の投票率は33・37％。全体平均59・93％より23ポイントも低かった。[1]

では、投票率を高めるためにはどうしたらいいのか。埼玉県加須市選挙管理委員会が平成25年5月に公表した『選挙投票行動等に関する意識調査[2]』によると、「投票率向上のため、どのようなことを行うべきだと思いますか」という問いでは、「政治や選挙に興味を持たせるような教育に力を入れるべきである」が26・9％、候補者の政策や経歴などの情報をもっと入手しやすくすべきである」が25・3％、「選挙制度の改正などにより、投票しやすい制度にすべきである」が21・8%であった。多くの市民はいわゆる「政治教育」「有権者教育」「主権者教育」を必要と感じている。

1　未成年〝模擬〟選挙とは

6月13日、憲法改正の手続きを定めた改正国民投票法が成立し、施行から4年後に国民投票権の年齢が現在の「20歳以上」から「18歳以上」に引き下げられることになった。4年後に18歳以上が投票できるということは、2014年4月時点で14歳以上の中学生、高校生世代が対象となるということである。これからの社会の担い手である「未来の有権者」が日本の未来をどのように考え、政治について何を思っているのかをメディアなどが注目しだしている。

そうした中、日本社会を担っていく「未来の有権者（未成年）」が、現実に動いている政治を〝生きた教材〟として活用し、生活に密着した課題を深め、社会参加していくためのキッカケづくりとして実践されているのが「未成年〝模擬〟選挙」（後援：文部科学省ほか）である。[3]

「未成年〝模擬〟選挙」は、実際の選挙日程にあわせて、実際の選挙の立候補者・政党に対して投票を行う取り組みであり、架空の政党や歴史上の人物への投票といったいわゆる〝投票体験〟〝選挙体験〟とは異なる。

実際の選挙に合わせて実施する模擬選挙は、海外では「シティズンシップ教育」「主権者教育」としてポピュラーで、アメリカでは最終的に７００万人の未来の有権者が投票する規模となっている。アメリカの模擬選挙の歴史は古く、１９１１年にワシントン州の小学校で大統領選挙の模擬選挙を経験したという記録が残っているほどである。

ドイツでは、ナチス独裁を許した悲惨な経験を踏まえ、政治を良く知り、政治に積極的に参加するための教育としての政治教育に力を入れている。また、スウェーデンでは、１９６０年代くらいから民間団体の取り組みとして実施されていたものが、１９９０年代後半から国が関与するようになっている。

いずれにしても、民主主義を子ども時代から体験し、学ぶことを通して、主権者を育てていこうとする国柄を感じることができる。

日本における「未成年〝模擬〟選挙」は、１９８０年の参議院議員選挙において学習院女子高校で模擬選挙を実施していた記録が残っており、[4] その後も、一部の教師による学校内での取り組みとして実践されていたが、全国的に広まるものではなかった。

２００２年2月の東京都町田市の市長選挙で、市民団体が模擬選挙に取り組んだことを契機に、それ以降に行われた8回の国政選挙（総選挙４回、参院選４回）をはじめ、

表１：模擬選挙における投票数、参加学校数の推移

実施選挙(国政選挙)	執行日（投票日）	有効投票数	参加学校数
第43回衆議院総選挙	2003年11月９日（日）	2,009	7
第20回参議院議員選挙	2004年７月11日（日）	3,658	22
第44回衆議院総選挙	2005年９月11日（日）	6,099	42
第21回参議院議員選挙	2007年７月29日（日）	8,215	40
第45回衆議院総選挙	2009年８月30日（日）	4,544	20
第22回参議院議員選挙	2010年７月11日（日）	5,673	22
第46回衆議院総選挙	2012年12月16日（日）	5,721	29
第23回参議院議員選挙	2013年７月21日（日）	11,230	34
	総計	47,149	216

※地方自治体の選挙でも、地元の学校やNPOが中心となって模擬選挙が実施されている

知事や市長などの首長選挙や議会議員選挙など40以上の実際の選挙において、全国でのべ２５０カ所を超える学校・地域で模擬選挙が実施されてきた。この10年あまりで５万人を超える未来の有権者が投票している。

模擬選挙に取り組む学校数は、２００３年総選挙時の７校から、以後、20～40校を推移している。[5]（表１参照）

２　参議院議員選挙２０１３における未成年〝模擬〟選挙の状況

第23回参議院議員選挙（２０１３年７月21日執行）における「未成年〝模擬〟選挙」では、学校や街頭、ウェブなどを通じて未来の有権者１万１２３０人（有効投票数）が投票し、１万人を初めて超えた。

表２：第23回参議院議員選挙（2013年７月）における模擬選挙と
実際の選挙結果の比較および投票方法別による模擬選挙の比較

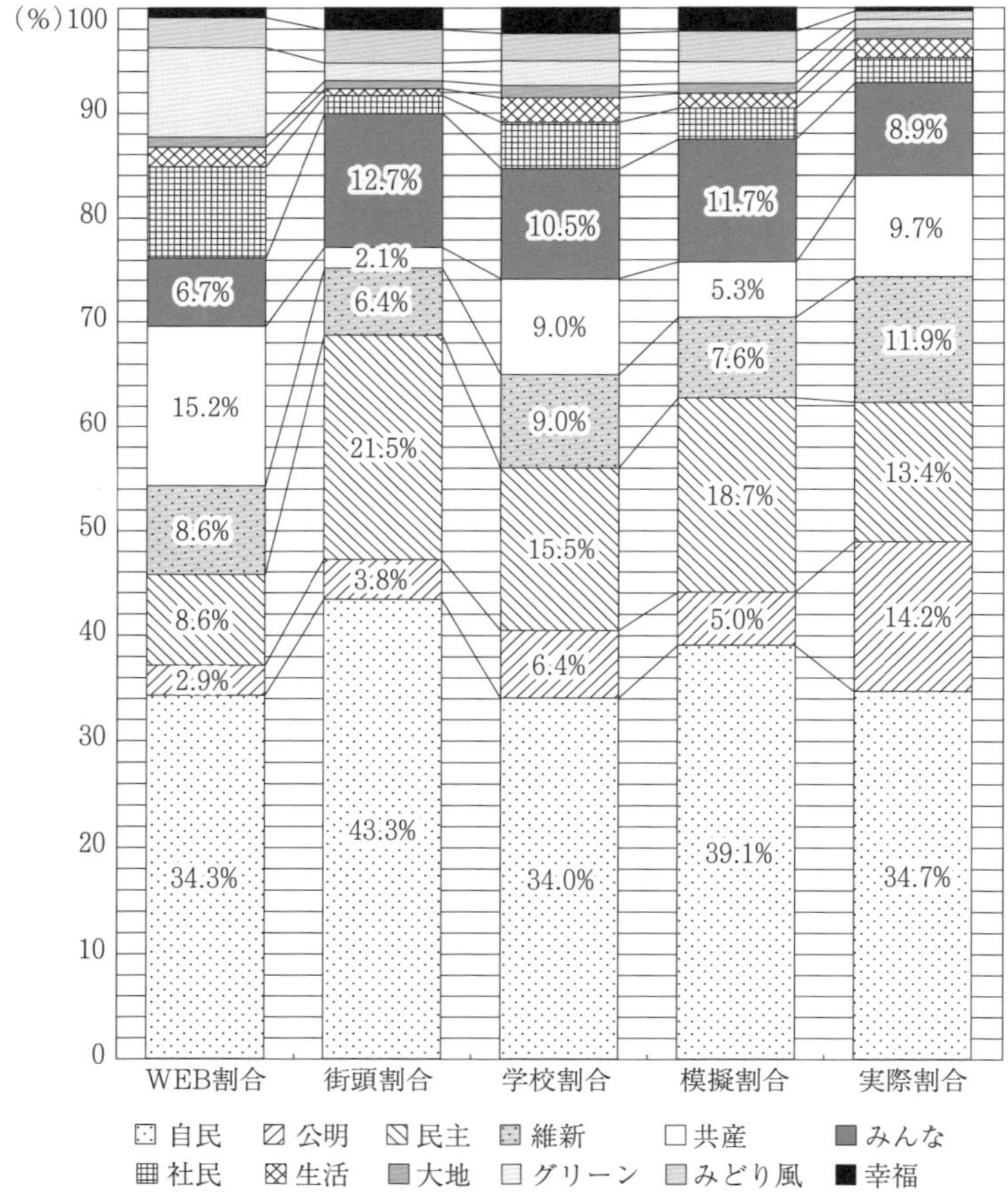

※「未成年“模擬”参議院議員選挙2013」の投票結果などの詳細は、以下のサイトで確認できる　http://www.mogisenkyo.com

模擬選挙の結果を実際の選挙結果と比較してみたところ、割合的に大差はなかった（表2）。アメリカの模擬選挙においても実際の選挙結果とほぼ同じで、他国でも同様のようである。

未来の有権者は実際の有権者と異なり、実世界において責任ある立場で生活しているとは言い難く、また模擬選挙の投票結果が自分たちの生活に反映されるわけではない。そのため、ある程度は〝希望〟的な投票行動につながっている面もあろう。また、ほとんどの未来の有権者は、労働組合や宗教団体といった〝組織〟に関わっていないため、そうした組織の行動に左右されない。

こうしたことを差し引いても、実際の選挙結果と模擬選挙の結果がほぼ同じということは、未来の有権者の判断は、〝おとな社会の縮図〟とも言える。

3　投票方法別による模擬選挙の比較

模擬選挙の投票方法は、①学校、②街頭、③ウェブ、の3種である。

これまでの模擬選挙では、模擬選挙推進ネットワークのメンバーが中心となって街頭模擬選挙やウェブ模擬選挙を実施してきたが、マンパワーの問題もあり、街頭やウェブでの投票数はそれほど多くなく、学校がまさに〝票田〟となっていた。

そうしたなか2013年の参院選における模擬選挙では、「僕らの一歩が日本を変える」「Teen's Rights Movement（TRM）」といった10代の高校生世代による団体から模擬選挙実施への申し出があり、共催で街頭模擬選挙やウェブ模擬選挙が行われた。「僕らの一歩が日本を変える」は、その代表が高校時代にアメリカに留学した際に、模擬選挙を含めた先進的な政治教育を目の当たりにし、日本の同年代の政治関心を高めることを目的に、帰国後に同世代の高校生に呼びかけて２０１２年4月に設立された団体である。

若者の声を全国から集めるために２０１３年の参院選では、全国8箇所（仙台、石巻、渋谷、池袋、横浜、名古屋、梅田、博多）で街頭での模擬選挙を実施した。各地の高校生が制服姿で模擬選挙を呼びかけ、複数日にわたって実施した場所もある。もちろん声をかけられても投票しない10代はいるが、おとなが中高生世代に呼びかけるのとは異なり、同世代が同世代に対して投票を呼びかけたこともあり、街頭での模擬選挙の実施箇所数が飛躍的に増え、模擬選挙投票総数約１・１万票のうち半数を超える6千票強が街頭での投票となった。

学校で模擬選挙を実施する場合は、各学校において選挙公報や新聞記事、テレビニュースなどを活用した授業や、生徒同士の意見交換、最近ではボートマッチ（政治課題に関する複数の設問に答えると、自分の考えに近い政党がわかる）を行うなど、模擬選挙を行う前に生徒自身が考える時間を設けている。

議論となるテーマは「憲法改正」「年金医療」「少子化対策」「原発・エネルギー政策」など、まさにその時々の社会的課題で、生徒によって関心事が異なる。「北方領土」について熱く語る友だちの姿を見たり、「環境問題」について専門的用語を駆使して主張するなど、普段、生徒同士では政治的なテーマについて議論することはない中で、生き生きとした表情で政治について語り合う姿は新鮮であり、教師にとってもこれまで見えてなかった生徒の一面を知る機会となっている。

また、家庭においても生徒と保護者が選挙について話す機会も生まれており、実際の有権者である保護者も刺激を得ているようである。

学校によっては、社会科室や昇降口などに設けた「模擬投票所」に生徒が自主的に赴いて投票するパターンもあるが、その場合においても「模擬選挙を行う」ことについてのアナウンスが校内でされているため、生徒自身は事前に考える機会を得ている。

一方、街頭投票の場合は、街頭投票を行っている場所を偶然通りかかったときに声をかけられて初めてその場で選挙や政治について考え、投票する、というスタイルになる。

そのため、普段は意識していない政治や選挙について、〝たまたま〟考えることとなり、投票する政党あるいは候補者名については、テレビに出演している政治家やその所属政党、あるいはネットなどで有名になっている候補者など、とりあえず自分が知っている中から選んでいるのではないかと推察される。

さらに、街頭投票を行っている場所の近くで政党や候補者が演説をしている場合もあり、そこでの演説などに影響されることもありうる（模擬選挙における投票を呼びかける以上は、人通りが少しでも多い場所で模擬選挙を実施することとなり、必然的に、候補者サイドと場所が重なる確率が高くなる）。

いずれにしても、街頭で〝普通〟に同世代が〝政治談議〟を行っている姿は、若者と政治の距離を縮めることにつながるのであり、「知っている政党から選ぶような街頭投票に問題がある」ということではない。子ども時代から政治や選挙について身近に感じる機会をつくることが大事なのである。

4 〝生の政治〟を扱うことを慎重にさせる現状

そもそも「政治」を扱う「公民科」「政治・経済」といった科目が、制度の知識習得に重点がおかれ、生徒にとっては単なる「暗記科目」となっている側面もある。そのため、「現実政治と結びつかない形式的な制度の知識を中心に教えられ、授業や学校の中で現実政治について議論すること」[6]がなく、現実の政治と教室で学ぶ政治が乖《かい》離《り》しているという現状もある。

こうした現状だからこそ、「生の政治」「実際の選挙」を扱う模擬選挙は大きな意義がある。

しかし、「学校で模擬投票を実施する際の最大のハードルは、管理職を説得することでしょう。教育の中立性という点からも、投票に消極的もしくは否定的な態度をとる人が多[7]」く、「教育現場では、教育の政治的公平性、中立性を欠く恐れがあると、未成年模擬選挙の実施を躊躇する自治体も多い[8]」。

実際、準備を進めていた中学校において、実施直前になって教育委員会から実施中止の通達が出されるなど、今もなお、「生の政治」を子どもから遠ざけようとする教育委員会は存在する[9、10]。

「子どもに政治のことがわかるのか」「政治は遊びではない」「そもそも模擬選挙は公職選挙法に触れる行為であり、たとえ有権者ではない子どもであっても違法だ」といった批判の声は、よく聞かれるところである。

この背景には、1960年代後半、日米安保闘争に端を発した高校紛争の広がりに伴い、生徒の政治活動を恐れ、生徒会連絡組織を禁止し、文部省（当時）が高校生の政治活動禁止の通達（1969年10月31日、「高等学校における政治的教養と政治的活動について」）を出したことを契機に、教育委員会や学校現場が積極的に教育の場において政治を取り上げることから距離を置いてきたという歴史的経過がある。

また、義務教育諸学校における教育の政治的中立の確保に関する臨時措置法[11]や、公職選挙法[12]などでの教員などの一定の行為の禁止も背景にある。

このような状況が、〝生の政治〟を授業内で扱うことについて学校現場を慎重にさせている。

5　模擬選挙を通してシティズンシップを高める

そうした中、第一次安倍内閣時代の教育再生会議（２００６年10月～２００８年２月）で「主権者教育」としての模擬選挙の実施が検討され、総務省に設置された「常時啓発事業のあり方等検討委員会」（２０１１年４月設置）が、子ども時代からの社会参加や政治参加を通じてのシティズンシップ教育の必要性を報告書に肯定的に記載。また、平成25年度文部科学省予算（案）の「未来の主権者育成プログラム」で「国政選挙や地方選挙と連動した模擬選挙の実施」が挙げられ、「第２期教育振興基本計画（答申）」（中教審第１６３号／２０１３年４月）で「未来の有権者たる子どもたちに、主権者として国や社会の問題を自分の問題として意識し、自ら考え、自ら判断し、行動する力を育成する実践的な取り組みを通じて、社会参画を促すとともに、国家・社会の責任ある形成者としての自覚を育むことが求められる」と明記された。

２０１４年６月に閣議決定された『平成26年版　子ども・若者白書』においては「若者が主体的に社会の形成に参画しその発展に寄与する態度を身に付けるため、社会形成・社会参加に関する教育をはじめ社会形成への参画支援を一層進めることは、誇りある自国に役立ちたいという若者の思いにも応えることになるであろう」[13]と記載されており、実際の教育の現場において主権者を育てることが求められるようになっている。

実際、神奈川県においては、2010年の参院選からすべての県立高校で「シティズンシップ」教育の一環として模擬選挙が行われるようになり[14]、さらに2013年7月の参院選における模擬選挙では、初めて文部科学省が名義後援を付与するなど、模擬選挙そのものが市民権を得てきていると言える。

もちろん、義務教育諸学校における教育の政治的中立の確保に関する臨時措置法[11]や、公職選挙法[12]を遵守《じゅんしゅ》し、政治活動や一定の党派のための政治教育を学校現場に持ち込むことはあってはならないことであるが、生徒に政治的素養を身につけさせることは必要なことである。

こうした「未成年〝模擬〟選挙」に対する文部科学省や総務省などによる評価は、これまで「未成年〝模擬〟選挙」という〝生の政治〟を扱う教育の実施に苦労してきた学校現場にとって追い風となったことは事実で、シティズンシップ教育としての役割を期待されるようになったと言える。

6　子ども時代から主権者意識を醸成し、自己を肯定する

模擬選挙推進ネットワークが模擬選挙実施後の２０１３年10月中旬～11月上旬にかけて、10代を対象とした世論調査「10代の世論調査２０１３」（世論調査には小学5年生～高校3年生までの１０５２人が回答）を実施したところ、「参院選前に日本の政治に関心があったか」という問いにおいて【関心はなかった＋あまり関心はなかった】が45・2%、【関心あった＋少しあった】が34・7%であったが、「参院選後に日本の政治に関心を持ったか」という問いにおいては、【関心をもたない＋あまり関心をもたない】が28・4%と16・8ポイント減、【関心をもった＋少し関心をもった】が45・5%と10・8ポイント増であった。

社会が注目しているニュースには10代も関心を持つということがわかる。

また、「参院選の模擬選挙で投票したか」と「参院選後に日本の政治に関心を持ったか」のクロス集計によると、【模擬選挙で投票しなかった／政治に関心をもたなかった】13・2%に対し、【模擬選挙で投票した／政治に関心をもった】は24・1%と、10・9ポイントの差があり、模擬選挙で投票した未来の有権者は、その分、政治への関心度が高いといえる。

模擬選挙の様子:
渋谷街頭

模擬選挙の様子:
東洋大学

模擬選挙の様子:
千葉県の公立高校

る。

模擬選挙で一票を投じた未来の有権者から、毎回のように次のような感想が出ている。

「実際に行うことができない投票を今回『模擬』ですが体験することができて本当によかったです。また国民の選挙に対する関心が薄いこともわかりました。20歳になったら絶対に投票にいきます」（中1）、「私は20歳になったら、次の世代に迷惑をかけないという気持ちで投票所にいきたいと思う」（中1）、「この一票が今後の生活に関わるとするならば、無知では一票は入れられないなと思いました」（中3）、「3年前の模擬選挙の時は名前とか第一印象で投票していた。今回は細かいことを見て選んだ。若者の投票率が低いと言われているが、日頃からこうした活動をしていると選挙が身近に感じて、選挙に行かないということにならないと思う」（高3）

こうした感想を目の当たりにすればするほど、子ども時代に〝生の政治〟を身近なものと意識する機会があるかどうかで、政治への関心度に差が生じるということを痛感させられる。これは、前述した加須市選挙管理委員会が実施した「選挙投票行動等に関する意識調査」における「投票率向上のためには、政治や選挙に興味を持たせるような教育に力を入れるべきである」との回答が多かったことの証左でもある。

7　今後に向けて

模擬選挙を実践されている教員からは、「若年層（有権者）の選挙に対する無関心な態度が問題になっているがこのような若い時期から教育として考える事は非常に重要で大切であると実感できた」（中学教諭）、「『選挙権が早くほしい。投票に参画したい』旨の意見が多数出た。『社会科』の授業だけではなく、様々な角度により、他教科に渡って切り込んでいっても興味深いと感じた」（高校教諭）といった声が、毎回、上がってきている。

第23回参院選における模擬選挙を視察した長野県教育長の伊藤学司氏は、視察後に以下のように語っている。

「国の政策は中長期的な日本の在り様に大きく影響するものであり、20年後、30年後、40年後に中心世代として我が国社会を担う10代20代の若者が本気になってこの国の将来について、どのような道を選ぶべきかについて考え、その考えを行動として示していく態度を育んでいくことは、若者自身にとっても、そして我が国にとっても絶対に必要なことである[15]」

未来の有権者である子どもたちが生の政治を身近に感じ、政治リテラシー（政治に対する判断力や読み解く能力）を高めていくことは、学校現場でも求められており、「若者が政治に完全に背を向ける前に、政治を直視する次代を担う国民に育て上げることが求められている」のである。

「子ども」だからといって特別な教育をするのではなく、「子どもを市民として育てる」ためにも、将来を担う子どもたちに対し、主権者としての自覚を促し、主権者であるという自己を肯定できるようにし、将来への責任を自覚するために必要となる知識と判断力、行動力の習熟を進める政治教育を充実させることは、早急に取り組むべき課題であるのは言うまでもない。

模擬選挙を通して未来の有権者は、市民意識、主権者意識を高めており、その効果は非常に高く、単なる「政治教育」という範疇を超えてシティズンシップ教育としての大きな意義や役割を持つことがわかる。

模擬選挙の結果は実際の政治に影響を及ぼさないが、未来の有権者はそれこそ「本当の一票」のように考え、投票用紙を前に悩み、一票を投じる自分を認識することで、自分も主権者なのだと実感し、ゆくゆく有権者となることを意識していく。投票することを意識する中でシティズンシップが触発され、自己の存在を肯定的に受けとめることができるようになるのである。

［註］

1：公益財団法人明るい選挙推進協会「参議院議員通常選挙年代別投票率の推移」、2013年

http://www.akaruisenkyo.or.jp/070various/072sangi/682/

2：「選挙投票行動等に関する意識調査の結果」加須市選挙管理委員会、２０１３年５月
http://www.city.kazo.lg.jp/ct/ishikityousanokekka.pdf

3：未成年模擬選挙は、ＮＰＯ法人Rightsが２００２年から「政治教育」の一環として、当時、同団体の常務理事であった筆者が責任者として取り組んできたが、「公平・中立・公正」を期すために模擬選挙事業を切り離し、筆者が中心となって２００６年12月に模擬選挙推進ネットワークを設立。同ネットワークは、特定の政党・宗教団体などの影響下にないグループ。これまでの模擬選挙の投票結果や実践者向けハンドブック、ワークシートなどについては、模擬選挙推進ネットワークのウェブサイトにアップされている。
http://www.mogisenkyo.com

4：学習院女子高校については、高柳英雄「選挙を軸とした政治単元の学習」『学習院女子部論叢』（１９８１年）を参照のこと。

5：模擬選挙の意義や歴史、各種実践例、諸外国の取り組みについては、筆者も関わった『未来を拓く模擬選挙』編集委員会編『実践シティズンシップ教育　未来を拓く模擬選挙』（悠光堂、２０１３年）に詳しくまとめてある。

6：杉浦正和「模擬選挙とシティズンシップ」『実践シティズンシップ教育　未来を拓く模擬選挙』（悠光堂、２０１３年）p19

7：杉浦真理『主権者を育てる模擬投票―新しいシティズンシップ教育をめざして―』（きょういくネット、２００８年）p15

8：佐藤淳「第６回　未成年模擬選挙で「地方政府」を担う次世代を育てる ～学生団体「選挙へGO!!」の取り組み～」『政治山ウェブサイト』、２０１３年、http://seijiyama.jp/article/columns/w_maniken/wmk03_6.html

9：２００９年６月の東京都議会議員選挙において、東京青年会議所（東京ＪＣ）江戸川区委員会が中学生に政治や選挙に関心を持つきっかけにしてほしいと企画した模擬投票が、江戸川区教育委員会の判断で中止された。候補予定者の討論を聞いた上で投票するという内容について、区教委は「教育基本法に抵触する恐れもある」として認めなかった。
http://www.tokyo-np.co.jp/hold/2009/09togisen/news/CK2009062002000238.html

10：２０１３年７月の参院選において、青森県弘前市の公立中学校で、実際の政党を題材にした模擬選挙を予定していたが、直前になって弘前市教育委員会が、「特定の政党の由来や綱領の細かい事柄に触れないとする学習指導要領に抵触する懸念がある」と判断し、実際の政党名を使うことに難色を示したため、架空の政党名での模擬選挙となった。http://www.yomiuri.co.jp/kyoiku/news/20130710-OYT8T00422.htm

11：義務教育諸学校における教育の政治的中立の確保に関する臨時措置法（昭和29年６月３日法律第百五十七号）
（特定の政党を支持させる等の教育の教唆及びせん動の禁止）
第三条　何人も、教育を利用し、特定の政党その他の政治的団体（以下「特定の政党等」という）の政治的勢力の伸長又は減退に資する目的をもつて、学校教育法に規定する学校の職員を主たる構成員とする団体（その団体を主たる構成員とする団体を含む）の組織又は活動を利用し、義務教育諸学校に勤務する教育職員に対し、これらの者が、義務教育諸学校の児童又は生徒に対して、特定の政党等を支持させ、又はこれに反対させる教育を行うことを教唆し、又はせん動してはならない。

12：公職選挙法（昭和25年４月15日法律第百号）
（教育者の地位利用の選挙運動の禁止）
第百三十七条　教育者（学校教育法（昭和22年法律第二十六号）に規定する学校の長及び教員をい

う）は、学校の児童、生徒及び学生に対する教育上の地位を利用して選挙運動をすることができない。

13：『平成26年版　子ども・若者白書（全体版）』（内閣府、２０１４年）p92

14：神奈川県が平成19年度からキャリア教育の取組の発展として推進している「シチズンシップ教育」における「政治参加教育」の一環として、平成22年の第22回参議院選挙の際、全国で初めて全県立高校で模擬選挙を実施。神奈川県教育委員会によると、第23回参院選においては、前回より約１万２０００人多い約４万２０００人が参加とのこと（ただし神奈川県は、模擬選挙の結果を外部に公表しない方針をとっている）。

15：伊藤学司「模擬投票を視察して」『教育指導時報　７６８号』（長野県教育委員会事務局教学指導課内教育指導時報刊行会編、２０１３年）p76

マニフェスト選挙で まちの将来と民主主義を考える

早稲田大学マニフェスト研究所次席研究員◎中村　健

【プロフィール】 1971年生まれ。徳島県出身。JR四国社員を経て、1999年、27歳で徳島県川島町長に初当選。全国最年少の首長となる(2期)。早稲田大学大学院公共経営研究科修了。
【早稲田大学マニフェスト研究所】 ローカル・マニフェストによって地域から新しい民主主義を創造するための調査・研究を行う。

東京はいまだ「政局選挙」

――2月の都知事選では、早稲田大学マニフェスト研究会が発表された「候補者マニフェストのできばえチェック表」で、評価がいちばん低かった舛添要一氏が当選しました。

いかに東京都の有権者が政策を気にしていなかったかということですね。

また、メディアもいかに政策を伝えないかということだと思います。

今回は、猪瀬前知事の突然の辞任による選挙でしたので、準備の時間が少なかったことを考慮しても、どのマニフェストも完成度は低かったと思います。かろうじて、宇都宮さんが前回出馬した際のマニフェストをリニューアルして少しまともなものを書いてきたという程度でした。

去年、ネット選挙が解禁になりましたが、ネットでもほとんど政策は話題になりませんでした。

国と地方は仕組みが違うにもかかわらず、都知事選では国会議員が大勢応援に加わります。都知事選なのか、政党の選挙かわからないほどです。「政策選挙」というよりも「政局選挙」のほうに、東京ではまだ軸足が置かれているという印象でした。

今は、東京は財政も豊かだし、人口も1500万人もいますから、環境が変化していることに気づいていない人が大多数なのかもしれません。

選挙の目的は、今を決めるためが半分くらい、残りの半分は将来を決めていくためでもあります。

行政の事業は時間がかかることばかりですから、今のことよりはむしろ、5年後10年後のために今投票に行っておく。そういうものだと思います。

――都知事選のあとに都内であった練馬区長選、中野区長選も低投票率でした。選挙の際の候補者と有権者との、まちづくりにおけるコミュニケーションの方法を考え直さなければならないのではと思いました。

今までは右肩上がりで、戦後から人口も財政もずっと伸びてきました。バブル崩壊とともに、今後は人口減少もあいまって財政規模も下がっていきます。高度成長のときは、どんどん税収が上がりますので、市民から求められれば「わかった」と、みんなで豊かな富を分配するのが政治家の役割でした。

しかし、人が減っていく、お金も減っていくと、これからは「負の分配」をしなくてはなりません。

「負の分配」をしようとすれば、市民から不平・不満が当然出てきます。「なんでおれのところはやってくれないんだ」、「なんで今まではちゃんとやってくれたのに、今回は2割カットされたのか」などと。

「負の分配」の時代のマニフェストには、なぜこれをやるのか、どうして今はこれはできないのか、なぜ今後はこれをやめることにしたのか、といった説明が必要です。それによって有権者の「納得感」をつくることが大切になります。

同時にマニフェストには、どこまでを「公（おおやけ）」が担うのかを盛り込む必要があると思います。

なんでもかんでもやっていた行政のことを「公」とこれまでは呼んでいましたが、行政がなんでもかんでもはできなくなったとき、「公」を誰がどう担うのか、そこをこれからは考えていかなくてはならないのです。

東京都は市民活動が活発で、町内活動もボランティア団体もたくさんありますが、そういう担い手をこれからどうやって育てていくのか。行政がやっていたことをそちらへアウトソースしていかないと、東京都といえども中野区や練馬区も回っていかないと思います。

選挙のとき有権者は、マニフェストを読み比べて、候補者が何を考えているかを知り、「どっちかといえばこっちかな」と判断して一票を投じます。もしその候補者が就任後にマニフェストとは違うことをしたなら、次の選挙で落とせばいいのです。

地方分権時代のマニフェスト型選挙

――マニフェスト型選挙が目指していることは何ですか。

三重県知事だった北川正恭さんが知事を退任される直前の2003年1月、ほかの知事さんたちに向けて「これからは日本でもマニフェスト型選挙を導入していこう」と提案されました。これが日本で「マニフェスト」という言葉が使われた最初です。

三重県知事を退任されたあと、北川さんは早稲田大学教授に就任され、2004年4月、学内に当マニフェスト研究所を設立されました。

２０００年に施行された地方分権一括法は、地方分権を進めていこうという法律で、それまでは中央主権型で国と地方が上下、主従関係にあったのを、協力、水平関係へ、仕組み変えを進めることを目的としています。

それまでは政策もお金も国が全部用意してくれ、地方は考えなくてもよく、お金も用意しなくてもよかったのが、これからは分権自立ですから、地方自治体は政策も予算も自分たちでつくりだしていかなければならなくなったのです。

そうなると、自分たちの地域はどういう姿を目指すのか、なぜそういう地域を目指すのか、そのためには何が必要でどう組み合わせれば実現できるのか。そういうことがそもそも選挙では為政者の口から語られなければいけないのではないか。

つまり、それまでの選挙は、公約と言いながら、実は公約ではなかった。実現しても実現しなくても誰も責任をとらなかったし、結局選挙のときだけきれいな言葉を並べておいて、あとはイメージや地盤・看板型で、政策とは関係なく選挙は通っていた。

選挙の約束は公約といいながら、約束になっていないのではないか。これでは有権者を裏切ることになるのではないのか、と。それで本当のマニフェスト型選挙を日本でもやろう、と２００３年の統一地方選挙で、日本で初めてのマニフェスト型選挙がはじまったのです。

早稲田大学マニフェスト研究所は、日本の政治文化に政策型選挙、マニフェストがどの程度定着しているか、普及度、認知度、どんなマニフェストが出されているか、選挙がマニフェスト型でやられているのかを調べてきました。

――マニフェスト型選挙がはじまって10年経ち、人々の意識は変わったのでしょうか。

国政、地方を問わずほとんどの選挙でマニフェストは浸透していますし、10年前に比べると、有権者の側も政策で選挙を見ていかないといけないという意識は強くなっているると思います。

ただ、本当に有権者は政策で候補者を比較検討しているのか、政策型選挙が展開されて、その結果、政策型、目標達成型の立候補者が当選しているかというと、必ずしもそうとは言えません。

選挙とは総合力です。いくら政策が良くても、有権者が100人いたら、候補者を選ぶ基準は100通りありますから、政策で選ぶ人もいれば、顔で選ぶ人、学歴や地盤で選ぶ人もいます。人によって基準はいろいろでしょうが、選択をする際の基礎には「政策を読んでみる」という行為があって、そのうえで人柄や知名度などご自身の関心事項を加えて選択していただければと考えています。

マニフェストとは、ただ良いものをつくれば4年間進められるかというと、けっしてそうではありません。

マニフェストが登場した当時のキャッチコピーは「お願いから約束へ」でした。「お願いします、私へ一票を入れてください」というお願い型の選挙から、「私はこれをやりますので、私を選んでください」という政策型へ変えようということでした。

そうなると実際に事務をとる側からすれば、今までの政策プラス・アルファの政策で、余計な仕事が増えることになります。

とくに今、地方の公務員は、分権が進んで仕事がたくさん上から落ちてきています。今まで県がやってくれていたものが市町村へ落ち、国がやっていたものが県に落ちている。地方公務員の事務量がどんどん増えている。それに加えて、公務員改革があり人数が削減された。給料もカットされた。モチベーションが下がりまくっています。

その上に新しい首長が来て新しい政権になったら、また政策が変わる、今までやってきたことをぱったり止めてしまうこともできない、かつ新しいものをやらなくてはならないと、火の車です。

それで、心の病にかかって、ぱたぱたと倒れる地方公務員が出てきている。そういう現状があります。

ですので、マニフェストを進めていくときは、まず工程表をつくる必要があります。いきなりすべての政策をよーいドンで走らせるのは、組織からかなりの抵抗にあうでしょうから難しいでしょう。

まず政策にあわせて組織をつくりかえ、工程表をつくって、4年間の実行計画をつくり、組織のなかでオーソライズ（承認・合意）をはかってから進めていくことが必要です。

そして、マニフェストに着手したら、できれば1年に1回は進捗状況の検証をしたほうがいいです。自分たちでの自己検証か、専門的な第三者評価、あるいは主権者評価、国民、県民、住民の評価を受けたほうがいい。

そうしたマニフェスト型政治をやられている自治体の首長さんは、何人かおられます。

早大マニフェスト研究所では「マニフェスト大賞」の事務局をやらせていただいていますが、その受賞者はそういったサイクルで自治体運営をやられています。

「お願い」から「約束」へ

優秀な首長さんは、自分のマニフェストを自治体のホームページ中の「知事の部屋」

や「市長の部屋」のページに就任後も掲載しています。就任期間中の4年間、県民・市民はいつでも何を約束したのかを確認できる環境をつくっています。

そうした首長さんはたいてい、1年に1回マニフェストを検証して、検証結果もホームページで公開しています。これは基本ですが、そういう首長さんはたくさんいらっしゃいます。

地方と比べると東京はずいぶん遅れています。

――マニフェストの検証は具体的にどのようにするのですか？

自己評価の場合は、たとえば「待機児童をゼロにします」と言っていたとすると、一年経って○人いた待機児童が△人になった、だから「進捗率××パーセント」と示すといった例があります。

第三者評価の場合は、進捗率プラスまちがどう変わったのかというところまで評価している事例もあります。後援会としてではありますが、市民による評価を出しているところもあります。

財政が厳しい地方のほうが積極的です。市民との距離が近いので、批判も評価もストレートに伝わりますから。

――都知事選でのマニフェスト「できばえチェック」「実現可能性」の調査はどのように行われたのですか？

マニフェストは「私がリーダーになったらこういうまちを目指して活動します」というビジョンが語られていることが非常に大事です。次に、なぜそのビジョンなのか、その背景が明らかかどうか、が必要になってきます。

しかし、この二つが書かれていないマニフェストが圧倒的に多いのです。

２００３年以前の選挙では、「みんなが笑顔になるふるさとを」とか、候補者の主張があまりに抽象的でしたので、私たちの研究所でも、「もっと具体的な政策を掲げるべき」と、ビジョンよりも数値目標や工程表の作成のほうを強調しすぎたという反省もあります。

たとえば、２００９年の衆議院選挙で民主党がつくったマニフェストは「政権交代」と掲げていましたが、「政権交代」は政党の目標ではあっても、国のビジョンではありません。政権交代して民主党が与党になったらこの国はどうなるのか、といったことがまったく書かれていませんでした。

結局、民主党は何がやりたいのかが外から見てもわからなくなって、結果的には分裂しました。これが象徴的だと思います。

2月の都知事選では舛添さんが「世界一の都市・東京」とうたっていましたが、何をもって「世界一」なのか、なぜ「世界一」なのか、といったことが語られていなかったですね。

本来はビジョンが語られることで、有権者も「そういうことか、だから舛添さんはこういう政策がやりたいんだね」というところから、具体的な政策につなげていって、候補者の検討をしていくわけです。

——都知事選での「マニフェスト実現可能性の比較表」を拝見し、選挙の際にはまちの財政について知ることも必要と思いました。ただ、財源や財政の現状とまちがやるべき事業との兼ね合いをどのように考えればいいのか。「お金がない」と言われてしまえば、こちらとしては「しょうがない」と思いがちですが。

ここは誰でも悩みどころです。財源は大事ですが、財源を先に考えると、身動きがとれなくなってしまいます。

これまでの中央集権型の自治体運営は「事実前提」でした。お金も政策も国が与えてくれる。その場合、たとえば、自治体の財布には国から与えられた１００億円しかない。すでに使途は80億円分まで決まっていて、残りの20億円しか自由に使える分はない。しかも、その20億円でやるべきことはたくさんある、けれどもあれもこれもと市民から言われてもできない。少しずついろいろな声に応えようとすると中途半端なことしかできない。こういうところでみんな悩んでいます。

与えられた範囲から出発するのが「事実前提」という考え方で、だからすぐ「お金が足りません」とか「人が足りません」ということになってしまいます。対して、「事実前提」ではなく、「こういうことをやりたい」「こういうことを実現したい」から考えはじめることを「価値前提」と呼んでいます。

マニフェストは価値前提で語られなければならない、と私たちは考えています。政治家は有権者に夢や希望を与えなければならないですし、これからの分権自立の時代とあいまって、自分たちの地域をどうつくっていくかと、まず価値軸を立てることが必要です。

まちのビジョンと実現の手段

30年後には消滅している自治体もでてくるという話もあります。30年先、自分たちの地域はどう稼いで、どのようにしてここで生計が立てられるような地域をつくっていくのか、というビジョン、地域の将来ありたい姿をまず描いて、それを実現していくためにどうすればいいかを考えていかなければなりません。

たとえば、今は100億円しかなく、やりたい事業をすべてやろうとすれば500億円かかるとします。それならば500億円つくればいいんです。では、どうやってつくるか。これまでの地域の税収と国からのお金では100億円にしかならないけれど、自分たちで地域をこう経営すれば400億円収入が上がるということを考えて、本当はやっていかなければいけない。

他方で、支出が80億円分すでに決まっていて、それは毎年必ずいるお金ということだったが、本当にそうなのか検討する必要もあります。

たとえば、敬老祝い金を喜寿米寿と節目の年にご高齢の方々へ差し上げているけれども、たった数千円をもらって本当にみなさんが喜んでいるのかどうか。しかも今後は高齢の方も増えていく。当たり前のように毎年支出しているが、本当にそれが必要かどうか、とか。

そうではなく、その分のお金を子ども達のための図書室の本の購入に当てて、子ども達のアイデアや夢をはぐくむために使わせてほしいと、ご老人たちに伝えて、了解してもらえれば、価値前提でお金の使い方が変わります。

つまり、何を糧に自分たちは食べていくのか、何を特徴づけてまちをつくっていくのか、これがビジョンです。ビジョンを特色あるまちづくりにつなげてマニフェストに描く、これが価値前提で考えようということです。

ビジョンとその背景、実現の手段、同時に、それが空理空論ではないという裏づけも必要ですから、都知事選では「マニフェスト実現可能性」も調べて公表しました。

――まちの現状とこれからの予測される姿、つまりビジョンが、選挙の際に有権者とのあいだで共有されていないことが、選挙が盛り上がらない原因の一つと言えますか。

優秀なリーダーはミニ集会をたくさん開いています。とにかく自分の地区内を細かく割り振って、３人でも５人でも集まったらミニ集会を開いている首長さんは結構います。

たとえば、三重県松阪市の山中光茂市長は年間２００回以上のミニ集会を開いています。選挙も強いです。４年間しっかり市民と対話してきているので、市民のことはわかっているし、市民の課題を政策に落とし込んで、実際に解決しているので、自民・公明・民主といった政党が相手候補を応援しても敵わないですね。さいたま市長もそういうことをやっています。

フェイスブックとか動画配信とかＩＣＴ（情報通信技術）を活用する為政者は増えてきています。アナログとデジタルをうまく活用して、有権者や地域の方とコミュニケーションをとろうとするリーダーは増えています。

「どこどこでミニ集会を行いました」「これこれの意見があがりました」とミニ集会の内容をフェイスブックに書き込む。「こういう報告会をしました」と動画で流せば、参加できなかった市民も内容を知ることができるし、意見を言うこともできます。

議会が変わると地域も変わる

――市民がまちの行政を検証しているような自治体はありますか。

たくさんあります。「行政に言ってもどうせ無駄だから」でも、ただ「行政にまかせておけばいい」でもなく、「一緒にやろうよ」という姿勢が大事だと思います。市民だけとか行政だけと壁をつくるよりも、みんなで一緒にこの地域を盛り上げていきましょうよ、と双方がオープンなスタンスで、フレンドリーな関係を築いていくという姿勢が求められると思います。

最近は、議会のほうも意識が変わってきていますから、市民と行政と議会とで一緒になって活発にそういった活動をされている地域は増えています。

私たちは議会のオープン度、住民参加度をチェックして毎年「議会改革度ランキング」を発表していますが、そこには東京都内の議会は上位に入ってはきません。

――議会で改革が進んだきっかけは何だったのでしょうか。

議会不要論が声高に言われるようになり、議会みずからオープンにしていきました。

名古屋の河村たかし市長、大阪の橋下徹市長などが、「議会は働いていないのだからいらない」「議会は半分でいい、給料も半分でいい」などと声高に喧伝し、それに対して、市民も議員さんが普段何をしているかがわからないので、「そうだそうだ、そのとおりだ」と大合唱になって、議会不要論が全国的に拡がりました。また、2000年の地方分権一括法制定後の地方分権への流れも大きな背景です。

人も報酬も減らされて、「このままじゃいけない」と目覚めた議会が増えてきて、自分たちから「議会はこういうところ」「みなさんの声を聞かせてください」と行動する議会が増えてきたのです。

結果として「市長のほうに言うよりも、議会に伝えたほうが早い」と気づく住民も増え、「これがそもそもの自分たちの仕事だ」「これをやっていると選挙に強いかも」と気づく議員さんも増えた。住民の声を聞いてまわって、自分のところに持ち帰り、委員会で議員みんなで課題を整理しあって、それを執行部に提案したり、自分たちで政策をつくって解決したり、新たに条例をつくったりするわけですから、そっちのほうが議員さんも忙しいけれども楽しいわけです。しかも、住民のみなさんにも喜んでもらえる。そういう議員さんが増えてきたということですね。

議会が変わると、執行部が変わります。今までは議会と行政の執行部はテーブルの下で手を握っていたので、与党のほうが「今度の議会でこれに賛成するから、これに予算をつけてよ」と予算をつけやすい。予算がついたほうが有権者に「おれが言ってやったんだ」と手柄を示せるので一票をもらいやすい。

そういう意味でも与党のほうが楽なのですが、なにより有権者がそういう時代でもなくなってきたことに気がつきはじめたので、与党だから、野党だからということではなくて、議会として何をやるのかということに目覚めた議会が増えてきたんです。

職員が「今度の議会でこれに賛成してください」と内々に頼みにきても、議会も拒否するようになった。議会と執行部がテーブルの下で手を握ることもなくなったので、職員もがんばって勉強するしかない。

議会がしっかりすれば、職員も勉強するようになり、職員が変われば、組織が変わる。組織が変われば、お金の使い方や、政策の立て方も変わる。そうして、地域も変わるんです。

私たちは、地域からこの国を変えていこうと活動をしています。地域を変えるために、まず議会から変えていこう。議会を変えて、執行部を変えて、地域を変えて、国を変えようと、議会改革もマニフェスト型で、ということでやっています。

マニフェストの作成過程がカギ

――一見、人々は政治にとても無関心でいるような印象がありますが、議員さんたちが「声を聞かせてほしい」と求めていけば、市民は声を寄せてくれますか。

聞き方によると思います。たとえば「前回の議会でこんなことを決めました」と言ったとしたら、聞くほうは「そうですか」で終わってしまいます。けれども「今度の議会で、ゴミ焼却所の建設が大きなテーマとなるわけですが、皆さんはどう思いますか」と聞かれれば、「よくわからないけれど、いくらくらいかかるんですか」等と会話がはじまり、コミュニケーションが生まれます。

今までの議会や行政は、「こんなことを決めました」とか「こんなふうになりました」と事後報告しかしてきませんでした。

2009年に政権交代したときの民主党のマニフェストは、短期間でいきなりぽんと出してきて、政権をとったら「情報が違っていました」「できると思ったんですけどできませんでした」と言って有権者の信頼をなくしました。

大事なことは、ひとつはマニフェストの作成段階でかなり準備が必要だということです。調査、研究とともに、制作プロセスのなかでどれだけ市民や国民と一緒になって政策を考えたか、いかにコミュニケーションをとったかが重要です。

ですから、マニフェストを書くか書かないかで、かなり地域の4年間の様子は変わってきます。

では、誰からはじめたらいいのか、政治家が悪かったのか、いやいや市民も悪かったのか。

とは言っても、市民がマニフェストを読み比べるのはとても大変なことです。情報がありませんから。だから、誰が変わらなければいけないかと考えると、やっぱり選挙に出る人がまずは変わらなければいけないと思います。

自分が勉強をして、その情報をもとに政策をつくって、「私はこういうことをやろうと考えています」ということを示すわけで、それがあって初めて、市民は「あの人はこんなことをやろうとしているんだ」と関心をもつことができる。

まずは、候補者がマニフェストをちゃんとつくって、届けて、市民を巻き込んで、実行して、それを検証する、ということが求められると考えています。

先ほどミニ集会と言いましたが、昔は、平日の夜に有権者に地域の公民館などに集まってもらって、自分の政治信条や政策を語る、という形をとっていましたが、今はそういうのは難しいですね。有権者が多様性に富みすぎているので。かなりテーマを絞り込むことが必要ですし、たとえば喫茶店のようなところで少人数でも話をするとか、時間とか場所を選ばずに、自由自在にＩＣＴを利用しながら有権者とコミュニケーションをとる。そういうふうにしてマニフェストを拡大していってほしいです。

民主主義を鍛えるために

――マニフェスト型政治を進めるに当たっての法的な問題点は何でしょうか。

公職選挙法は、「あれをやってはいけない」「これをやってはいけない」といった取り決めばかりで、立候補者が有権者に対して何を伝えなければいけないかといったことは何一つ書かれていません。

ビラも選挙前までは配れますが、選挙期間に入ると配布できません。ですから選挙期間中には名前を連呼して、とにかく名前と顔を売るしかなくなっているのです。

公職選挙法は、民主主義のインフラをどう整えていくかという点にはまったく触れておらず、建設的な法律ではありません。

いちばんの問題点は、地方議員選挙ではいまだに告示後はマニフェストを配れないことです。首長選挙でも配られる枚数が制限されているので、すべての有権者に届けることが不可能です。

では、それに代わるインターネットの配信が認められたかというと、一部は認められましたが、全ては解禁になっていません。メールはまだダメですね。公職選挙法はインターネットに対応できていないことも問題です。

現在、候補者の主張を全有権者に届ける方法としては、選挙管理委員会が出している選挙公報ビラがありますが、それも基本的に紙媒体しか認められていませんでした。3年前の東日本大震災で有権者が地域を離れバラバラになってしまったので、ようやく選管のホームページには掲載されるようになりました。しかし、これも暫定的な措置で、正式な法改正をしたわけではありません。

選挙管理委員会は、選挙の前に「○月○日は○○選挙の投票日です。投票に行きましょう」と、スピーカーをつけた車で街中をまわったり、駅前で選挙を知らせるティッシュを配るといったことをしています。前回の都知事選では、アイドルを起用して宣伝CMを流しましたが、投票率は過去3番目の低さでしたし、しかも、アイドルを使ったのに若者の投票率は上がっていない。選管のやっていることはズレています。

選挙管理委員会の活動は選挙に非常に大きな影響を与えます。もっと民主主義の土壌を醸成するような、有権者にちゃんと政策が届けられるような選管の活動が本来あってしかるべきです。公職選挙法の改正、選管の改革が必要です。選挙事務を執る人たちも変わらなければいけません。

しかし、最近は、自主的に良い取り組みをされている選管も増えてきてはいます。

――マニフェストとは、自分のまちをどうしていくかということを具体的に考える、そのたたき台みたいなものだと理解しましたが、東京では具体的に話そうとすればするほどに「政治を語ること」へのタブーみたいなものを感じます。まちの政治をみんなで語るために、何からはじめたらいいのでしょう。

政治というと、選挙や黒い世界を連想する人が多いかもしれません。選挙で当選した人は権力をもちます。権力とは、人事と金です。だからみんなぴりぴりしますし、そこに触れてはいけないと聖域化します。

しかし政治とは、私はこういう意見、あなたはこんな意見と、意見の違いにみんなが向き合って話し合って、お互いに納得する妥協点を見つけていく、そこが政治の仕事です。

理想があって現実があり、いきなり理想には近づけないのですが、少しずつでも良くしていかなくてはならない、そういった理想と現実の調整をするのが政治家の役割、それが政治だとも言えます。

たとえば、夏休みに、ママはハワイに行きたい、パパはお金が無いから熱海でがまんしようと言う。どこで折り合いをつけるか、じゃあ箱根に行くことにした。でも、力もあってお財布を握っているのもママのほうなので、結局、箱根のいちばん良いホテルに泊まるということでみんなが納得した。これが政治です。

世の中には「政治」はたくさんあります。自分たちの地域は自分たちで決めるのですから、子どものころからそういうトレーニングをする必要がありますね。トレーニングをつんでいけば、地域に自然とそういう風土が根づいていきます。

今までそういうトレーニングをまったくやってこないで、「政治イコール選挙」「選挙はおじさんの世界」と勘違いしているような若者が、いきなり20歳になって選挙権を与えられても、投票に行かないのは当然とも言えます。

学校で「世の中は自分たちで決めていくものだよ」ということ、自分と違う意見の人がいたとしても、その人を敵だとか嫌いというのではなく、相手の話も聞いて、自分の意見も主張ができて、どこで折り合いをつければ納得できるのかというのを、話し合いの中でキャッチボールをしながら見つけていきましょう、ということを教えていくべきだと思います。

民主主義の原点は話し合いだと思います。話し合いで本当にどうしても折り合いがつかなかったときは多数決になるのですが、そうした過程をとっていますか、ということだろうと思います。

（2014年6月17日、東京・早稲田の喫茶店にて）

あとがきに代えて

東京都「予算概要」を読む。


都知事選の後、東京都はどのように進んでいるのでしょうか。

子育て、高齢者福祉、医療、景気、雇用、原発・エネルギー問題、都知事選で有権者の関心の高かった項目は、都政でどのように対応され、私たちが収めた税金はどのように使われているのでしょうか。

舛添要一新都知事のもとで5月23日に発表された「平成26年度予算概要」を読んでみました。

「予算概要」の冒頭には「編成方針」が記されています。

「『世界一の都市、東京』の実現に向けて、新たな一歩を踏み出す予算
1　都民の安全・安心の確保に向けた取組を加速させるとともに、都市の活力を向上させる施策を積極的に展開し、オリンピック・パラリンピックに向けて東京の魅力を一層高めていく。

表1　予算概要の編成方針

年度/都知事	編　成　方　針
平成22年度 (2010年) 石原慎太郎	大幅な税収減に直面し、今後も厳しい財政環境が想定される中にあって、都財政の健全性を堅持するとともに、東京の「現在」と「将来」に対して、今日都が為すべき役割を積極的に果たす予算
平成23年度 (2011年) 石原慎太郎	厳しい財政環境が続く中にあっても都政の使命を確実に果たし、中長期的に施策を支え得る財政基盤を堅持しながら、東京の新たな活力と成長へと結びつける予算
平成24年度 (2012年) 石原慎太郎	厳しい財政環境が続く中にあっても、将来に向けて強固な財政基盤を堅持するとともに、直面する難局を乗り越え、東京の更なる発展に向けて、着実に歩を進める予算
平成25年度 (2013年) 猪瀬直樹	時流を先取りし、首都として国を動かし支えていく原動力となるとともに、将来に向けて財政基盤を一層強化し、東京の輝きを高めていく予算
平成26年度 (2014年) 舛添要一	「世界一の都市、東京」の実現に向けて、新たな一歩を踏み出す予算

都税（歳入）と一般歳出

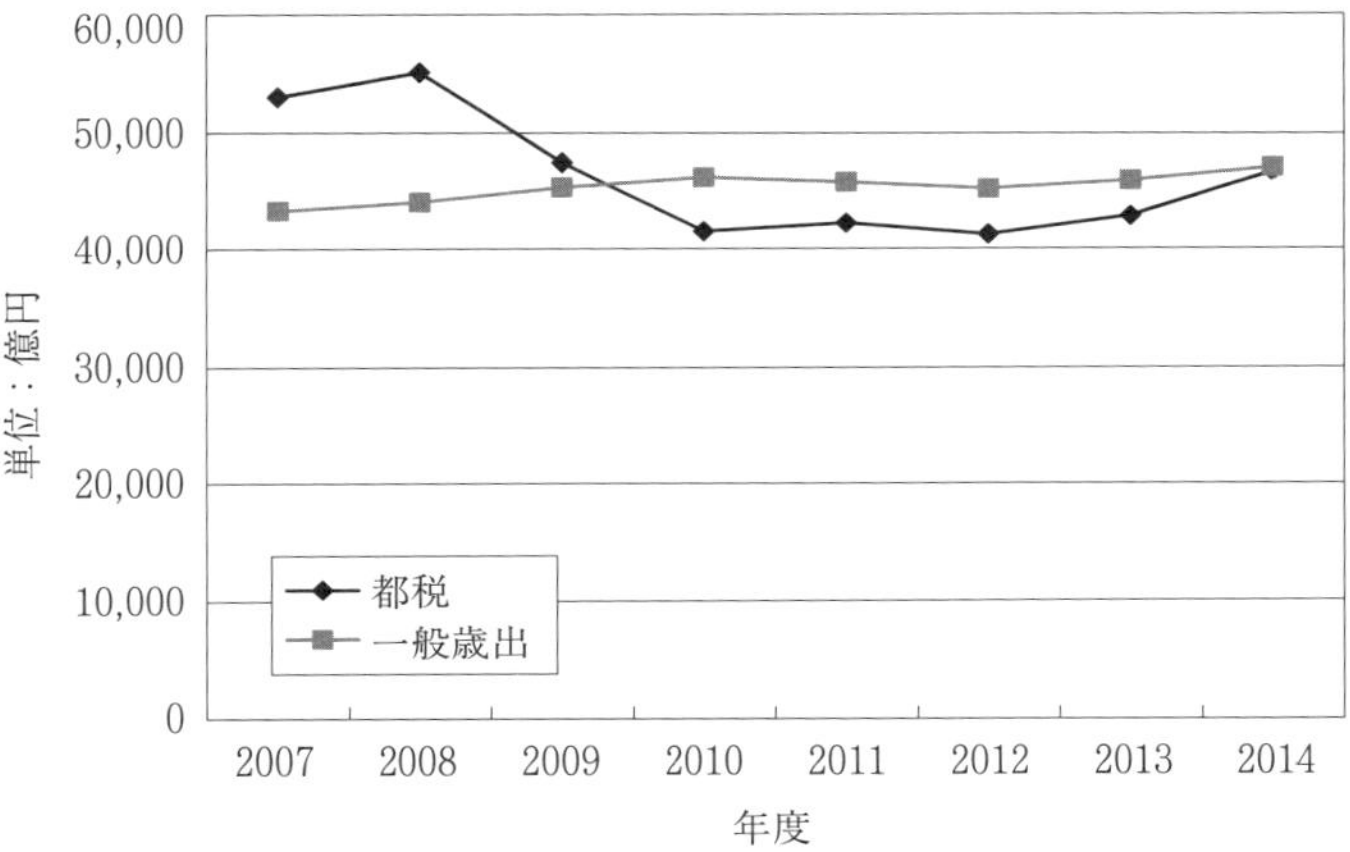

２　将来にわたり施策展開を支え得る財政基盤をより一層強固なものとしていくため、一つひとつの施策の効率性や実効性を高める取組を徹底することなどにより、都民の負託に的確に応える都政を実現していく」

今年度の「編成方針」には、舛添都知事の選挙時のキャッチコピーである「世界一の都市・東京」がかかげられ、都民の安全・安心、都市の活力、２０２０年オリンピック・パラリンピックの開催、そして、財政に触れています。

少なくとも過去5年、都の「予算概要」の「編成方針」には、「財政基盤の強化」が記されています（表1）。

都税（歳入）はリーマンショック後、２年連続で大幅減となりました（08年→09年・・

7580億円減、09年→10年：6063億円減）。2013年、14年は回復傾向にあるものの、まだリーマンショック以前の水準には届いていません（グラフ1）。都の財政は引き続き厳しい状況にある、というのが都の認識です。

政策の裏づけとなる財政がそのような状況にあるならば、選挙時に候補者は、都のそうした現状と、その上で現状にどう対応し、何を優先して進めていくのか、有権者への説明が必要でしょう。

続いて、今年度の予算概要のポイントを読んでいきます。

「平成26年度　予算概要」では、「予算のポイント」を以下の3つの柱、

・「オリンピック・パラリンピック開催にふさわしい魅力ある都市を実現」

・「都民の安全・安心をさらに高め、未来に希望が持てる都市を実現」

・「日本経済の成長を牽引し、積極的で国際競争力のある都市を実現」

に分けて説明しています。

「予算のポイント」の中から、子育て、高齢者福祉、医療、景気、雇用、原発・エネルギー問題といった、有権者の関心の高かった項目がどのように対応されているのか、内容が近い項目を拾ってみます。

【子育て】：「妊娠・出産支援の充実」「多様な保育サービス主体の参入促進等」「子育て環境の充実」「東京子育て応援ファンドの創設」

【高齢者福祉・医療】：「高齢者の暮らしへの支援」「障害者に対する生活支援」「医療体制の充実」「福祉・医療人材の確保」

【景気・雇用】：「雇用施策の推進」

【原発・エネルギー問題】：「官民連携再エネファンドの創設」「エネルギーマネジメントの推進」「地球温暖化対策」

【景気・雇用】対策としては、「雇用施策の推進」とあるのみですが、【産業力の強化】として、「成長産業の育成・強化」「中小企業の経営安定化支援」「中小起業等の国際展開の推進」「外国企業の誘致促進」といった項目が挙げられています。

「外国企業の誘致促進」の説明には、「海外からの投資の呼び込み、日本経済の持続的成長につなげるため、アジアヘッドクォーター特区の取組などを推進」と記されています。

「予算のポイント」には、これら以外に、【オリンピック・パラリンピック開催準備】【災害対策】【インフラ整備】【教育・人材育成】の項目が挙げられています。

一昨年の石原慎太郎都知事、昨年の猪瀬直樹都知事、今年の舛添要一都知事の3年分の「予算概要」から「予算のポイント」部分を見比べてみますと、振り分け方は多少異なりますが、子育て、高齢者福祉、医療、景気、雇用、原発・エネルギー問題、そして、災害対策、インフラ整備、教育・人材育成、といった項目は、どの年度であっても、「予算のポイント」に挙げられています。

つまり、石原氏、猪瀬氏、舛添氏の予算概要では、政策の構成要素にほとんど違いはありません。

だからこそ、候補者には、自身の政策の中身についてのより具体的な説明が求められていると言えるでしょう。「子育て支援を進めます」「高齢者にやさしいまちづくりを進めます」では、候補者の公約内容の違いは伝わりません。政策の具体的な内容と実現に向けての手段といった、より中身に分け入った説明や政策論議がないことには、有権者の候補者選びは盛り上がらないでしょう。

2月の都知事選では、候補者による公開討論会は開催されませんでした。各候補者の政策を比較検討する機会がなかったことも、投票率が低かった要因のひとつと考えられます。

舛添新都知事の「予算概要」に戻ります。舛添都知事の就任後、保育政策はどうなっているのでしょうか。

「予算のポイント」には、待機児童解消に関連した予算として以下の２つが挙げられています。
・「多様な保育サービス主体の参入促進等（13億円）：今後４年間での待機児童解消に向けて、株式会社やＮＰＯ法人など様々な主体が保育サービスに参入するための支援などを実施」
・「子育て環境の充実（４３０億円）：認証保育所や小規模保育などの設置を促進するとともに、新たに都独自の送迎保育ステーション事業を実施するなど、待機児童解消の取組を一層充実」
比較参照として、前年度の猪瀬知事のもとでの保育事業に関する予算は次のようでした。
・「保育所の待機児童解消に向けた先導的な取組（39億円）：国に先駆けて、小規模保育に対する都独自の補助制度（東京スマート保育）を創設し、小規模保育の設置を加速させるとともに、都独自の基準をもつ認証保育所の設置を推進」
・「子供と子育て家庭への支援（３４６億円）：子育て家庭などに対するきめ細かな支援を行うことで、社会全体で子育てを応援する東京を実現」

舛添新都知事となって、保育所設置への予算は大幅に増額されました。しかし、その内容が保護者たちの求めと同じ方向にあるかどうかは、「予算概要」だけでは判断できません。より丁寧な説明が必要です。

＊

「予算概要」を初めて読んでみました。都政の現状や税金の使われ方がわかるものと思ってのことでしたが、「予算のポイント」一年分を読んだだけでは、実際はとても理解しきれるものではありませんでした。どのような判断でそのような決定がなされたのか、たとえば、事業の継続・廃止、あるいは新規開始、各事業の予算の増減の根拠など、より詳しい説明がほしいと思うところもあります。

やはり、短い選挙期間中だけで、まちの政治の現状や課題、候補者が訴える政策の中身をひとりで検討し、投票先を判断するのは大変に難しいことです。

まちの政治の内容は多岐にわたります。自治体のホームページ、あるいは情報公開請求、集会などを通じて情報を得て、共有・拡散するなど、インターネットの普及で、以前よりは情報へのアクセスが容易となり、また、関心が近い人たちとつながりやすくはなったとはいえ、行政の側も、情報の公開性を高め、市民との対話や市民参加の場づくりをすすめてほしいものです。

本書に収録させていただいた方々へのインタビューでは、「こういう生き方もあるんだよ」（2CHOPO）「ここは何を言ってもいい場所」（保育所つくってネットワーク）「運営をオープンに」（差別反対東京アクション）「市民で話し合いたい」（小平都市計画道路に住民の意思を反映させる会）など、より気軽に、よりオープンなかたちへと、それぞれで場と参加者同士の関係性のあり方を模索し、努力されているのが印象的でした。

子育て支援政策について弁添氏は、立候補当初は以下のように訴えていました。「安心、希望、安定の社会保障と雇用政策を整えます。……女性の職場支援と管理職登用、子育て環境の整備、医療と介護が連携した効率的・包括的な医療・介護サービス、救急医療と地域医療提携を整えます。……」

長い一文の中に「子育て環境の整備」とあるだけだったのが、選挙戦の終盤で「就任中4年間で待機児童をゼロへ」と内容が変化したのは、まさに保育所不足に苦しむ保護者たちによる公開アンケートなどの直接的な訴えによるものといえるでしょう。

市民としても、疑問、質問、要望の声を上げることを躊躇せず、行政や議会との、また市民同士のコミュニケーションを求めていきたいものです。

＊

最後になりましたが、本書のために原稿をご執筆いただいた方、またインタビューに応じてくださった方々に感謝申し上げます。選挙について語ることは、どう生きたいのか、その思想信条を聞かせていただくようなところもあり、書きづらい、言いづらい面もあったかと思います。
本書が「より良い社会をつくりたい」と考える人たちの糧に、少しでもなれば幸いです。

２０１４年８月

影書房　編集部

［著者一覧］ ※各略歴については本文中に記載

岩上安身（ＩＷＪ代表）

竹村英明（緑茶会代表）

バブリーナ（「２ＣＨＯＰＯ」編集長）

石野雅之／西村直矢（差別反対東京アクション）

斉藤真里子（保育所つくってネットワーク）

水口和恵（小平都市計画道路に住民の意思を反映させる会）

林　大介（模擬選挙推進ネットワーク事務局長）

中村　健（早稲田大学マニフェスト研究所次席研究員）

選挙《せんきょ》を盛《も》り上《あ》げろ!

二〇一四年九月二九日　初版第一刷

編　者　影書房編集部
装　丁　いのうえしんぢ
発行所　株式会社　影書房
発行者　松本昌次
〒114-0015　東京都北区中里三―四―五
ヒルサイドハウス一〇一
電　話　〇三（五九〇七）六七五五
FAX　〇三（五九〇七）六七五六
E-mail＝kageshobo@ac.auone-net.jp
URL＝http://www.kageshobo.co.jp/
〒振替　〇〇一七〇―四―八五〇七八
本文印刷＝スキルプリネット
装本印刷＝アンディー
製本＝協栄製本

定価　一、六〇〇円＋税

ISBN978-4-87714-451-7